女囚たち

ドラウジオ・ヴァレーラ

女囚たち

――ブラジルの女性刑務所の真実

伊藤秋仁訳

水声社

序章

『女囚たち』は三部作の三作目である。

一九九九年に刊行した第一作の『カランヂル駅』は「サンパウロ拘置所〔カランヂル刑務所の正式名称〕」でボランティア医師として働いた最初の十年の結果であった。当初は本を書くつもりはなく、『ノチシアス・ポプラーレス』〔「民衆のニュース」の意〕――当時広く読まれていた新聞――が警察についての新たなコラムを作るにあたり、私が刑務所で見聞きした話を執筆する予定だった。

書き始めてみると、七〇〇〇人以上の囚人がいる刑務所のことを、その施設について何の知識もない読者に示すのは困難だと気付いた。七つの棟で繰り広げられる事件を、毎回、その説明抜きで伝えることなどできるのだろうか？

その袋小路を脱するのに、施設に言及する際に、それぞれの主な特徴を記した基礎情報を準備し、参照できるようにしたらよいと考えた。七年間、毎週刑務所に通っていたけれども、改めて作家の目で各棟を見つめてみた。

訪ねてみると、建造物とその内部は、その中で刑に服する者たちの間の人類学的な相互影響と不可分であることがわかった。読者に刑務所の施設、囚人たち、慣習、行動規範、彼らの人生を呈示するには、新聞のコラムで許されるスペースでは収まりきらなかった。

『カランギル駅』が刊行されたのはある水曜日のことだった。その後の土曜日の新聞を開くと衝撃を受けた。最大の発行部数を誇る全国紙の一面に私の著書の記事が載っていた。別刷りの文化欄には何ページにも渡って特集が組まれていた。それで終わらなかった。その後も多くのコラムニストが追随した。そこまでの反響があることを想像していなかったので、うすら恐怖さえ覚えたほどだった。

同書に文学的幻想を込めようとはしなかった。その価値はあの小宇宙で躍動する命を塀の外に知らしめることにあると常に自覚していた。

『カランギル駅』は様々な言語に訳され、エクトル・バベンコ——彼は大切な友となったが旅立ってしまった。寂しさが募る——によって映画やテレビに翻案された。さらに戯曲化され、BBCでもラジオドラマ化された。

当時、診療を終えて刑務所を出ると、勤務明けの刑務官たちと会うのを習慣にしていた。近くのどこかのバーでビールを引っかけた。犯罪の世界の話に耳を傾ける得難い機会であるだけでなく、酔った勢いで語られる馬鹿話に大笑いしたものだった。

カランギルに着任した当時、彼らは私に敬意は払ってくれたものの、しかるべく距離を置いた。私を警戒し、近くを通ると話題を変えた。私が興味を示すと背を向けたり適当に言い繕ったりした。無関心を装って私がどこかの人権擁護団体かプロテスタント教会の一味かどうか、州議会に立候補するつもりかどうか尋ねたりした。

私の存在に慣れるのに時間を要した。職務上犯した罪について、私に告白してくれるまでにはさらに時間がかかった。

カランヂルが解体されたとき、彼らとの親交が途絶えることを危惧して、二、三週間に一度、北地区か中心街のバーで引き続き集まることを提案した。今でもその習慣を続けようとしている。これらの付き合いの中で私は真の友を得て、『看守たち』を書く着想を得た。三部作の二作目として、二〇一二年、『カランヂル駅』の十三年後に刊行された。『看守たち』はＴＶグローボでドラマ化されている。

カランヂルの破壊後、当時三〇〇〇人を収容していた州立刑務所の囚人たちを診るようになった。その仕事は三年と少し、その刑務所が女性刑務所に再編されるまで続けた。二〇〇六年以降はその女性刑務所でボランティアの医師をしている。

この本は、二〇〇〇人以上を擁する女性刑務所版の『カランヂル駅』である。本書において、十一年間、この州立女性刑務所で私が見聞きし学んだことの一部を示すつもりだ。『女囚たち』は、二十八年前に始まった経験を綴った三部作の最後を成す。

着任

「先生、気狂い女どもの館へようこそ」

そのような言葉でずんぐりした職員に迎え入れられた。彼は州刑務所の庭につながる柱廊の下の鉄の門を開けてくれた。この建物は、一九二〇年代、モデル刑務所としてハモス・ヂ・アゼヴェードによって設計された。二十世紀初めのサンパウロ市を代表する市立劇場を設計したのと同じ建築家の作品だった。

アスファルトの舗道の両側に樹齢百年級の松やシピピルーナ〔ブラジル原産の背の高い常緑樹。街路樹によく見られる〕が植えられていて、そこを通る訪問者に惜しみない木陰を提供している。刑務所に着くと、左手には高さ二〇メートル以上の黄色い竹が密集する藪があり、右手には三人の軍警が扉の開いた車両のそばで談笑していた。私の前には見張り小屋を備えた大きな壁がある。一パルム〔二二センチ〕以上の厚さの重厚な木でできた灰色の門は、中世の要塞のそれにも似ていた。背が高く、荘厳で、配送トラックが通るのにも十分な広さがあった。その上の壁には黒い文字で「更生施設」と刻まれている。

旧カランヂル時代から見知った職員のサンビスタ〔「サンバ奏者」の意〕がとてつもない大きな門に嵌め込まれた小さな通用門を開けると、微笑んで手を差し出した。

「お変わりなく！　先生、また俺たちと？」

守衛室を通り、左手の窓口の女性職員にあいさつし、中庭に続く格子の取り付けられたガイオーラ〔「鳥籠」の意〕に向かった。

広い中庭には、空を背にした十二本の皇帝ヤシの木――うち二本はリオデジャネイロの植物園のもっとも大きなヤシの木にも劣らぬ威容である――がある。両側には花盛りのアザレアとバラの木が植えられているが、それぞれ金網で囲まれている。中で飼われている騒々しいアヒルを逃がさないためである。目の前に管理棟が見える。両側の階段を上がるとテラスがあり、そこから中に入る。建物の正面にはほぼ一世紀の歴史を有する言葉が刻まれている。「ここでは労働と規律と善良さが犯した罪を贖わせ、人を社会の共同体へと再び導く」

階段とテラスの下の正面に格子の門があり、中央のガレリーア〔「回廊」の意〕につながっている。このガレリーアがこの刑務所を貫通し、二つの部分に分けている。そこから三メートルのところにもう一つの門があり、そちらもガイオーラ状になっている。二つの門の間に格子が取り付けられた管制室がある。中には二人の女性職員がいて、半世紀前の事務机に複雑に絡み合った配線で繋がったほぼ同年代のコンピューターがある。壁の幅広の板には一ダースの手錠がぶら下がっている。

その部屋の脇に二つの通路がある。左手は診察室と編入準備室がある。そこは各棟へ振り分けられるのを待つ新入りの囚人が必ず入れられる場所である。反対側は調理場に続いている。広くゆったりとした調理場には、オレンジのズボンを履き白いキャップを被った無数の女たちが働いている。アリの巣さながらである。

目の前の中央のガレリーアを前進すると、一、二、三棟のガイオーラを横切って、刑務所の奥へと通ずる。

私はこの場所を熟知していた。カランヂルの破壊後、州立刑務所が開設以来の男性刑務所の伝統をやめるまでの三年間、ここでボランティアとして働いていたからである。州内の女性刑務所が過密となると、この刑務所が女性用に再編されることになった。男の受刑者が移送されるのと時を同じにして、私はその職を辞した。

私はカランヂルの廃止も経験していた。気を滅入らせるほどの沈黙。人気のないガレリーアの鉄の扉の残響音。房の戸口で瞑想する囚人。ガイオーラの脇で椅子に座り物思いに耽る警官たち。人の行き来、房の出入り、慌ただしい人の動きが牢屋に命を与えるのだ。朝八時の開錠から午後の終わりの施錠まで途切れることないそのような動きがなければ、空気は終わることのない憂鬱に支配される。夜ともなればさながら幽霊屋敷となる。

すぐ左側、各棟へ続く格子の前の診察室は人であふれていた。小さなテーブルの上には、カランヂル時代からの仲間である職員のヴァウデマール・ゴンサウヴェスがカルテを順に並べ、カーキのズボンに白いTシャツ姿の囚人たちに受付カードを配っていた。診察室とは名ばかりの狭い一角で、待合スペースとの間に小さなカーテンはあるが、窓もなく、プラスチック製のテーブルに同じ素材の椅子が二脚と婦人科の診察用の寝台しかなかった。

健康の問題は、私が男性刑務所で直面したものとはずいぶん異なっていた。男の方は癒えぬ外傷、疥癬、フルンケル、結核、真菌症、呼吸器の感染症であるのに対し、女性が訴えるのは頭痛、腰痛、気鬱、パニック障害、婦人病、ニキビ、肥満、生理不順、高血圧、糖尿病、妊娠の有無であった。学生時代以来、婦人病から離れていたため私自身が必要とされる水準に至っていなかった。

待合室の尽きることのないおしゃべりには唖然とさせられる。診療を中断し、カーテンを開け、二度注意した。そのような騒々しさの中では肺の音も聞こえないし、血圧も計ることができない。男性刑務所でこのような注意をしたことは一度もなかった。

とは言え、一見して同じ状況が二つあった。待合室に患者が溢れかえることと、それゆえ一人に多くの時間を費やすことができないことである。とりわけ患者が様々な症状を訴える場合は困難であった。満員の待合室を放っておいて、「体中の刺すような痛み、甲状腺の疾患、気管支炎、便秘、吐き気、食欲不振、腰の痛み、高血圧、膀胱ヘルニア、神経系統」に苦しんでいるという人の問題を解決するなど不可能だ。この訴えは、一人の女性からまさにこの順番でなされた。プロテスタント風の長髪で、夫の車のトランクのニセ底に大麻二〇キロを所持していたとして、パラナとの州境で捕まった。夫は妻の不法行為を知らなかった。時に見るからに健康そうな若い女が「すべての検査を行う」目的でやってくることもあるが、期待に応えることなどできない。

すでに二〇人近くの患者の診察を終え、まだ同じくらいの数の患者が待合室にいたその時、ガレリーア中に悲鳴がこだました。

そのような場合には冷静さを要する。意味なく不安がったり落ち着きを失えば、臆病者のそしりを受けたり、長年かけて培った信望に傷をつけることになりかねない。本能的に逃げ出したくなっても動じないままでいる。自制と事前の経験が肝要だ。

立ち上がって診察室のカーテンを開けたまさにその時、「どいて、どいて」と叫びながら待合室に足音が入り込んだ。混乱のさなか、女たちが運ぶ小柄な金髪の女が見えた。顔と頭が血まみれだった。前の二人は腕をつかみ、後ろの二人は足を持ち、ぴちっとしたズボンにはち切れんばかりの胸の体格のいい黒人女がぐったりした頭を支えていた。

その娘を寝台に乗せることができたのは、私が「道を開けろ！　落ち着け！」と叫んだあとのことだった。

その女の名はマルシーニャだと言った。意識を取り戻させようと耳元で名前を繰り返した。返事はなかったが、気絶しているようにも見えなかった。脈は十分あるし、心拍も正常、私が目を開けようとするとまぶたが逆らってひくひくした。

布を濡らして血をふき取り出血口を探した。体格の良い黒人女のジャナイーナ以外はその場を離れた。寝台の枕もとで悲痛な面持ちのジャナイーナは、祈りらしき言葉をぶつぶつつぶやいていた。

血は血管の集まる頭皮から流れ出たものと想像したが、傷口は見つからなかった。顔も丁寧にぬぐってみたが、どこにもなかった。

その時になってはじめて右手に小さな浅い切り傷がいくつもあることに気づいた。私はジャナイーナに尋ねた。

「彼女は顔を手でこすったのか？」

「そうだと思う。私たち、口論したの」

涙ぐんだ彼女は、寝台の上に体を被せ、マルシーニャの額にキスをし、顔を愛撫し、「私の可愛い人、私の森の小リス、私の大事な愛する人」と呼びかけた。

私が治療を始めようとしたその時、そのブロンド娘はアルファ・ケンタウリで目覚めた人のような表情で目を開けた。手を見つめた後で、説明を求めるかのように恋人の方を見た。ジャナイーナは答えた。

「先生が何とかしてくださるわ。何でもない傷だから」

二人は抱き合ったまま部屋を出た。ジャナイーナは愛する人を支えたが、もう一人はたちまち回復してしっかりした足取りで歩いて行った。

流しに手を洗いに行って戻ってくると、病人を運んできた囚人の一人が私の前の椅子に倒れこんだ。

「ああ、今度はあたしのほうが医者が必要だよ。神経衰弱の一歩手前さ」

それがマリージだった。痩せてシミのあるその顔は四十そこその歳のはずだが老けて見えた。血圧を計り、脈を数え、心臓の音を聞き、彼女を落ち着かせようとした。

落ち着きを取り戻した彼女は、自分はサンパウロのすべての女性刑務所と男性刑務所の大部分を支配する組織に属する牢屋のリーダーだと自己紹介した。二十六年の刑を受けていて、彼女の弁明によれば、「二つの誘拐に巻き込まれちまったのよ。それ以外のちょっとしたヤマもあるにはあったけど」

疲労困憊し、もうこんなストレスには耐えられないと訴えた。

「棟で起こることは何でもあたしのとこに持ち込まれる。これもそれもあれも全部。ひっきりなし。そのうちこの地獄であたしのほうがおかしくなるわ。牢屋ってのは男のもんなの。先生、女には決まり事なんかない。ここじゃパンティを物干しのどこに干すか干さないかで喧嘩するのよ」

今起こったこのいざこざを詳しく説明してほしいと頼むまでもなかった。

マルシーニャとジャナイーナは同じ房に住んでいる。嫉妬に関わる喧嘩はしょっちゅうで、そのムラータ〔白人と黒人の混血の女性〕はガレリーアを下を向いて歩いた。

「小枝でヒョウを刺激しないためよ」

あの午後、ジャナイーナは一人で房の掃除をしていた。その時、赤毛でぴっちりしたズボンをはいた自分と同じぐらいの巨大な胸をもつ隣の女がやってきて、石鹸を貸してほしいと頼んだ。それがコカイン依存離脱プログラムで矯正中のシルヴァーナだった。客との性行為の真っ最中に警察の捜査官を装ったジゴロが因縁をつけ金を巻き上げる「美人局《つつもたせ》」をしたかどで捕まった。シルヴァーナをこころよく思っていなかったマルシーニャがすぐさま房の戸口に現れた。

「あたしの女に何の用なのよ？　このあばずれ！　彼女には近寄るなって言ってなかったかい？」

ジャナイーナは隣人が来た理由を話そうとしたが、うんざりした隣人はその場を離れた。石鹸のこと、ほかの誰にも関心がないこと、独占欲の強いその恋人に対する愛情について語ったけれどもほとんど無駄であった。反対にジャナイーナが言い訳すればするほど、相手の方は神経を昂らせた。

ブロンド女はやにわにベッドのマットレスを持ち上げて剃刀を取り出した。刃を指と指の間に挟み、自分よりずっと屈強なジャナイーナに飛び掛かった。

「この恥知らずの売女！　女どもが二目と見れない顔にしてやる」

事の成り行きに興味津々の戸口の野次馬の中にアスンサォン・ド・ベシーガさんがいた。百戦錬磨のクラックの売人でその数カ月後に肺炎の治療を施してやった。その彼女がパティオで友人と話をしていたマリージを呼びに走った。流血沙汰を止められるのはその女しかいなかった。

房の中でリーダーが目にしたのは激高したマルシーニャがパートナーの顔めがけて剃刀の刃で切りつける姿であった。相手の方は腕にバスタオルを巻きつけて防戦していた。

「やめな、気狂い女」

マリージは重々しく叫んだが、壁に向かって話しているも同然だった。声を荒げてその命令を何度も繰り返した。

棟を平和に保つよう指令を受け取ったまさにその週に、刃傷沙汰が起きようとしていた。覚悟を決めたマリージはサンダルを脱ぐと、刃を持つその手めがけてサンダルを打ち下ろし始めた。

指の間に流れる血を見たマルシーニャは、その血を急いで顔に塗りたくった。それから意識を失くしたかのように後ろに倒れこんだのだった。

ヒエラルキー

男の刑務所であれば、このような状況は決して起こらなかっただろう。棟のリーダーが履物で叩いて相手を武装解除させるなど思いもよらない。時を弁えない二人の囚人の争いなど、どれほど猛り狂っていようが、ボスがガレリーアに現れた瞬間に収まったであろう。

自由の身であろうと刑務所内であろうと男はヒエラルキーに敏感で、下の者は厳格に命令に服従し、同様の厳格さで命令を実行する。物理的なスペースが制限されるとその関係の重要性はさらに際立つ。

刑務所での生活を支配する刑法は経験のある者から新参者へと伝えられる。書面には一行とて書かれておらず、また民主主義の矛盾に縛られることもない。罰はすぐさま容赦なく執行される。それが例《ためし》となり、規律が課され、蛮行が抑制される。犯罪者の掟には正誤に疑いの余地などない。グレーゾーンも存在しない。

女性刑務所でもその掟はよく似ている。ヒエラルキーは争いと自然選択のプロセスを経て確立する。ただ違うのはそれに対する尊重の度合いだ。もっと緩いのである。生存本能のようなものにより、上位者への容易な屈服を良しとしない。子どもの頃から、可能な限り反逆の印象を与えないようにしながら、自身の都合に合わせて秩序を変えさせることを学んでいるのだ。権力への反感に加えて、権力者や反女性の既得権益の擁護者たちの虚栄心をくすぐるしたたかさを持ち合わせていなかったら、女性はいまだに家庭に縛り付けられていただろうし、投票権も自身で生計を立てる権利も与えられることはなかったであろう。

男たちの間の規則の強制や系統だった上下関係に比べ、女性のそれは比較にならない複雑さを帯びる。というのも感情が理性に劣らず重視されるからである。女性のリーダーは、下位の者が嫉妬に我を忘れ、それゆえ分別を失くしたことを理解し、服従しようとしないことも受け入れる。男が同じ状況にあれば、そのような態度は攻撃的で反抗的と見なされ、見せしめの罰を科されたことだろう。

また、いかなる危機的状況下であろうと、自分が神経衰弱寸前だと告白するような男が囚人たちの集団のリーダーの地位に就くこともないだろう。

このような考察は女性刑務所を十一年間経験した今だからこそ可能となる。しかし、この仕事の初日、あまりに当惑した私は守衛室の一人に向かって言った。

「男の刑務所で十七年間学んだことをすべて忘れる必要がある」

施設

この刑務所はシンメトリックな建物群で、中央のガレリーアが三つの棟を貫き、棟内を奇数の房の翼と偶数の房の翼に分けている。棟の内部は白と水色に塗られている。

ガレリーアからそれぞれの棟へ入るには、中央部に位置するガイオーラ——鉄格子の二つの門——を通る。そこは刑務官の制服であるジーンズに「行刑局」のエンブレムの付いた黒のポロシャツを着た女性職員が監視している。奥の三棟のガイオーラに辿り着くには一棟、二棟のガイオーラを通らなければならない。

ガイオーラの二つの門を同時に開けないのは刑務所の共通の規則である。一つ目を通った後で二つ目が開くのを待つ。苛立ちを見せるのは野暮である。

各棟の入り口を成すガイオーラには小さなテーブルがあり、その周りに三、四人の職員がいる。扉を開け閉めし、出入りする囚人をチェックし、料理を運んだり、ごみを回収したり、「ジュンボ」を運んだりする台車の流れを監視する。ジュンボとは食品、清涼飲料水、私物が入った袋のことで、それらは家族からの差し入れや、囚人が企業や内部の仕事で働いて貯めた金を原資に自ら当局に注文した品である。

三つの棟のその小さなテーブルの後ろの壁の上部にはそれぞれ同じ壁龕《へきがん》がある。そこはプラスチックの花や葉のついた枝で飾られ、中央にはスパンコールで縁取られた三角の青いマントをまとい冠をいただいた黒い顔の聖ノッサ・セニョーラ・アパレシーダの像が鎮座する。サンパウロの刑務所で最も崇拝されている聖人である

中央のガレリーアに備わった各棟のガイオーラには側面に格子の扉があり、奥に向かって右側が奇数の翼、左側が偶数の翼につながる。

両翼への入口は小さなガイオーラにより閉鎖されている。その奥に階段があり警備担当の職員の部署と一階の房につながっている。

部署自体も四角形のガイオーラで、その格子は金網で補強され、棟の各階へ移動する囚人たちが職員に触れられないようになっている。その内部に二、三人の女の刑務官がおり、テーブルと椅子があり、昔ながらの黒電話に何枚かの犯歴カードが置かれている。テーブルの後ろの壁には木の板が張られ、鍵の束が番号順にぶら下がっている。房の南京錠はそれらの鍵で朝八時に開けられ、午後五時に閉められる。

それぞれの棟は四階建てで、すべての階が房に宛てられている。中央のガレリーアに垂直に広い内部

のガレリーアが走っており、その両側に房が並ぶ。一つの棟には四〇〇の房があり、二〇〇ずつに分かれる。房の定員は二人なので、刑務所の囚人の収容定員の総数は二四〇〇である。

すべての階には内部のガレリーアの両側の房を結びつけるコンクリートの通路があり、一つは棟の前方、もう一つは中央、三つめは奥に作られている。

自殺や殺人の誘惑に駆られないよう一階と二階の間と三階と四階の間のすべての空間に太い針金で編んだ金網が張り巡らせてある。万一、落ちたとしても必ず下の階の網に引っかかる。

房にはコンクリート製のベッドが二つに小窓が付いたどっしりとした木の扉が備わる。小窓には布製の小さなカーテンが付いている。朝食や夕食を差し入れるだけでなく、夜明け前と午後五時の施錠後、宗教儀式のように行われる担当職員の日々の点呼や視認もその小窓を通じてなされる。扉の対面の壁には棟の間のパティオを見下ろす格子の付いた窓があり、女たちはそこから外に向かって竿を掛け、シャツ、ズボン、下着、房の床に敷く「足を冷やさないため」のラグを乾かす。

房の小窓は朝食を受け取るために六時には開けておかなければならない。囚人たちは工夫を凝らし、その上にカラフルな糸で編んだ布を掛けている。外側にはパンを受け取るための二つのポケットが付いている。その女性らしい繊細さは、男性刑務所で同じ用途で吊るされているスーパーのレジ袋とは対照を成す。

房の奥には便器とシャワーがあり、プライバシーを守るためのビニールのカーテンで隠されている。断水の際にはバケツや容器にシャワーやトイレ用の水を溜めておく。二〇一五年にはボイラーの技術上のトラブルにより刑務所内で湯が使えなくなった。冬に冷水のシャワーを浴びる苦行に対し、全員が不満を訴えたものの解決されたのは二〇一七年に入ってのことだった。

セバスチアーナさんは、六十八歳の時、月額五〇〇レアルと交換で、グラジャウの自分の家の天井裏に近所の若者二人の三丁の銃と機関銃一丁を保管していて、捜索のために侵入してきた警察に捕まった。彼女は恨みがましく言った。

「人間のすることじゃないよ。寒いのは年寄りのあたしだけじゃない。若くたって生理の痛みに耐えながら何日も氷のシャワーを浴びなきゃならないのよ」

房の中の手入れは行き届いている。ベッドが乱れていたり、服が山積みになっていたり、ごみや物が散乱しているのを目にすることはめったにない。暫定拘置所には二〇人以上の男を収容する集団房があるが、ここにはそのような房がない。そのことがその整然さの理由かもしれないが、家を清潔に整然と保つ志向が女性に備わっていることがその理由であろう。壁には人気歌手や連続ドラマの男優や女優のピンナップ、家族、中でも子どもの写真が貼ってある。

一日の最初の食事は開錠前の五時四十五分から「牛飼い」のグループによって提供される。彼女たちが押す台車にはパンが入った袋と小窓に置かれたマグに注ぐための熱いコーヒーの入った保温容器が載っている。

朝食の配膳が終わり、女たちが内部の作業場に出かけた後、週に三度、清掃担当の囚人たちは箒、モップ、バケツ、水と石鹸を持って、房を分ける内部のガレリーアを洗浄する。清掃後の床はピカピカである。一棟の清掃係で身長一八〇センチのルルドーナは鼻高々で言う。「塵一つない」

一日に四回の食事が出される。朝食、昼食、午後のおやつに夕食。これらも同じ「牛飼い」たちにより同じ台車で供される。食事は刑務所の調理場で準備され、アルミの容器に入れて届けられる。

棟と棟の間に空間があり、一つは奇数側、もう一つは偶数側にある。前面は中央のガレリーアに、側面は隣の二つの棟の格子の付いた窓のある壁に、そして奥は哨舎のある大きな塀で区切られている。囚人たちはこのパティオに入ることができる。紐の物干しに上掛け、カーペット、シーツといった大型の洗濯物を吊るす。行動規範により日光浴のためにシャツやズボンを脱ぐことは禁じられている。

多くの企業が刑務所に備えられた作業場で囚人を雇用し、仕事をさせている。朝八時、房が開錠されると、外で働く者だけが出ていく。棟に残るのは、様々な仕事（清掃、配膳、修理全般など）の担当者、房の掃除や洗濯をする者である。ガレリーアでおしゃべりする者やパティオをゆっくりと散歩する恋人たちもいるが、人前でいちゃつくことはない。

叫喚地獄

世間が言うように沈黙が金でできているのであれば、この刑務所はセハ・ペラーダ〔一九八〇年代、ブラジルにゴールドラッシュを引き起こした鉱山〕の対極だ。ここに比べれば魚市場などチベットの僧院である。

朝は金属音から始まる。南京錠を開ける鍵の音。鉄の扉が閉まる音。朝食を房に配る「牛飼い」の台車のきしむ音。

扉の開錠が終わらないうちからざわめきが始まり、囚人たちは毎日の日課を始めたり、企業の仕事に出かけたりする。ほどなくおしゃべりの声のボルテージが上がる。でっぷりとした黒人女が三階の欄干に身を乗り出し、反対側の地上階にいる脱色した髪の小柄な女に話しかける。話しかけられた方は相手が聾者であるかのように答える。

何が何でも聞かせるつもりの保健担当の囚人は三回繰り返す。「ドラウジオ先生が来たよ。リストにある者たちは下りてきな」。ガレリーアの真ん中の甲高い声がそのお触れを繰り返すと、奥で低音が同じ言葉を響かせる。

　こっちから大声を出すと、反対側の相手も同じ調子で答える。別の女が理解不能な命令の言葉を叫び、また別の女はどこにいるとも知れぬヴァネッサとか何とかを呼び続けている。誰かがナターリアのことを尋ねれば、その彼女が自分を探しているのは誰かと大声で叫ぶ。「寝取られ夫の気晴らし」と名付けられたラジオからは、不実の妻を歌ったセルタネージョ〔ブラジルのカントリーミュージック〕が流れる。誰もが同時に口を開く。大騒動のさなか、主に我らの声が届かぬことを憂えた白いヴェールを被った女の輪が声を限りに讃美歌を合唱する。

　騒音は房の中からも外からもやってきてスペースを満たすと、濃密な音の塊となって反響する。突然、一人の叫び声が響き渡った。その後で一つ、また一つ、だんだん大きくなる。朝を知らせる鶏のようだ。耳をつんざく音の波が広がった。最高潮に達すると、ゆっくりと背景幕のデシベルへと下がっていき、突然の大爆笑で終わりを遂げた。

　午後五時、施錠の時間。全員が時間通りに房に戻ろうと慌ただしくしている。戻れなければ教育罰が待ち受けている。カランヂルを率いていた頃からの知り合いのマウリシオ・グァルニエリ所長によれば、それが施錠の規律を維持する唯一の武器だと言う。

「好きなようにさせようものなら一晩中外にいるよ。女の刑務所は注意が必要だ。締め付けすぎれば爆発するし、緩めれば収拾がつかなくなる」

　閉まる扉の音、南京錠、「牛飼い」たちが夕食用に運ぶ保温容器が積み込まれた台車の油の切れた車輪の音が、早朝の金属音のシンフォニーを再び奏でる。違うのはその時間にはがやがや声が最高潮であるところだ。施錠された扉も房を隔てる距離もコミュニケーションの妨げにはならない。小窓の隙間から大声を出しさえすれば。あの騒音の中で、その声を聞き分けガレリーアの別の隅っこにいる相手の返事を理解する聴覚は超人的だ。

それからしばらくすると点呼が始まる。世界中の牢屋の不可欠な儀式である。それぞれの房に女が二人。カランヂルの苦労とは比較にならない。あそこの房には一五人も二〇人もいたのだから。

静かになるのは九時のドラマが始まる時だ。そこから朝の八時の開錠まで静寂が訪れるのが日課である。とは言え、夜更けのいつ何時でも静寂は壊される。誰かの具合が悪くなった時だ。

「セニョーラ、五、四、二の扉を開けてください。仲間が発作を起こしました。息ができずに死にそうなんです。セニョーラ、セニョーラ！」

職員の到着が遅れようものなら、五四二が死んでしまう前に到着するよう付近の者たちが叫び始める。ほどなく棟全体が目覚めることになる。

房の二人の関係の悪化は時を選ばず起こりうる。棟のリーダー——PCC〔後述〕の「姉妹たち」——が肉体だけでなく口頭での攻撃を禁じられているため、そのような喧嘩はたいていが嫉妬のもつれで発生する。すべてが施錠されており当事者を分けることもできない。小突き合いが引っ掻き合いに、さらに噛みつき合いや髪の毛の引っ張り合いになる。目を覚ました付近の者が大声を上げる以外、終わらせる術はない。

刑務所の入り口の中庭の左にあるブロックの最上階の房は、主たる建物から切り離されて、一時、安全房となっていた。その翼は集団の中で生活していくことが不可能な囚人の身の安全を保つために作られた。子どもを虐待したり搾取したりした者、実の両親を殺した者、コマンド〔PCCと同じ。後述〕と敵対する一派のメンバーの一味もしくはその女、民警や軍警と恋愛関係にあった者、密告者、犯罪者の掟を破ったり一派の商業的利益を損なって死刑を宣せられた者、支払えない借金を背負った破産者、かつて盗みの上前を撥ねたことのある者たちである。

そのグループにはシトテック――人工中絶薬――を投与した者、僻遠の非合法のショバで堕胎手術を施した者も含まれる。望まぬ妊娠から免れるためにそうしてくれた者たちを同じ女性が排斥するのはなぜかと尋ねると答えはいつも同じである。

「あいつらはかわいい子どもを殺しているんだ」

安全房の囚人たちを何度か診たことがある。彼女たちはそろって深夜を貫く叫び声に不満を漏らした。

本館の三つの棟で九時のドラマが始まる時間だけ静かになるのは、共同生活の最低限のルールを課す指導力の存在があるからだ。安全房のような入れ替わりの激しい翼ではそれが存在しない。抱える事情も様々な囚人たちが集まって、一日中幽閉されているので、統治を確かにする協調を形成するのに都合の良い機会も時間もない。それこそが命令を課し、それぞれが勝手な行動をしないようにするのに必要な条件であるのに。

やつれた表情の背の高いブロンド女は、三十二歳にしてすでに五つの殺しを犯歴に刻んでいた。中にはカンピーナスで房の同室者を枕で窒息死させた事件も含まれている。サンパウロの安全房に移されたのはそのためだった。彼女は小声で訴えた。

「先生、ここじゃあ誰一人眠れやしない。とてつもない代償を支払わされている。これ以上の生き地獄はないわ」

マウリシオ・グァルニエリ所長は後にこの房を廃止した。逆効果だと判断したのだ。

「安全房に行くってことで女たちはメンツを潰されたって感じるんだ。そこから先は問題だらけ。火を付けるわ、手首を切るわ、混乱を引き起こすわ。すべてはムショの監督責任だって言いたいのさ」

清廉潔白な聖女

軽率な者であれば裁判所のあまりの蒙昧ぶりに憤慨するだろう。女たちの話から判断すれば、誰一人何の罪も犯していない。

その犯罪の正犯であるのを否定することは男性の刑務所でもよくある。しかし自分たちがギャングだ、売人だ、盗人だ、はたまたどこか自慢げに人殺しだなどと自称する者は少なくない。とくに仲間の間や信頼のおける人物――医者もその一人――の前では。だが、女の場合は、例外はあるものの、犯した違反や犯罪の正犯であることを何が何でも隠そうとする。

なぜ捕まったか尋ねると、彼女たちは口を濁し、宣せられた刑法の条文の番号で答える。三三（密売）、三五（密売ほう助）、一五五（窃盗）、一五七（武装強盗）、一二一（殺人）、一五九（誘拐）、一七一（詐欺）がもっとも一般的だ。

これらの条文で規定された刑罰を受けたという事実が、裁判の判決を認めたことを意味するわけではない。自分たちを牢へと導いた犯罪を説明するのに決まって唱えられるのが、

「間の悪いときに間の悪い人と間の悪い場所にいたのよ」
四、五年までの刑は「青二才」、四、五年から十年の間の刑は「メトシェラ〔旧約聖書に出てくる人物。聖書全体でもっとも長寿であった〕」、それ以上ともなると牢屋の「公有財産」にカテゴライズされる。
太った糖尿病患者のご婦人マリア・ド・ソコッホさんは、装丁された聖書を肌身離さない。「神の王国ウニヴェルサウ教会」の熱心な信者で寄付に余念がないと自己紹介した。彼女の話によれば、三三条を宣せられたのは、東部のアリカンドゥーヴァ・ショッピングセンターでぼんやり歩いていた時に手にプレゼントの包みを持った若い女性が彼女のところにやってきたせいだと言う。

「奥さん、トイレに行く間、少し持っていただけないかしら?」

すぐさま警察がやってきた。その包みの中になぜだかコカインのペーストが二キロあった。で、その娘は?

「警官たちと彼女を探しにトイレに入ったの。不思議なことに消えちゃっていた」

ジウダはほっそりとしたモレーナ〔小麦色の肌の女性〕で修道女の雰囲気があった。南部のパレリェイロスの住人で、殺人で九年の刑を宣せられた。彼女は夫が酔って帰るたびいつも殴られていたと言った。その悲劇の日、

「夫は心に悪魔を抱いて帰ってきた。私を下品なあばずれと罵り、頭めがけて拳を打ち付けた。はずみで流しの上の棚に頭をぶつけた。二枚の皿と肉用の大きな包丁が落ちた。その包丁を手にして家から追

い出そうと夫に向かっていった」

怯えた威張り屋は玄関に向かったが、酔っぱらっていたため玄関に続く階段を踏み外し、そこに不幸な運命が。

「夫はバランスを失って、後ろに倒れてきたの。それで私が持っていた鋭利な包丁が背中に刺さってしまったのよ」

蒙昧な裁判官は例のごとくその説明を正当だと認めなかった。陪審員たちは検事の解釈が正しいと信じた。検事は、酔っぱらってうつ伏せで寝ていた配偶者を彼女が刺殺したと断じた。

シウミーラは肌の色が黒い金髪の女で、自分もまた誤った裁判の被害者であると訴えた。夫は待ち伏せされて銃殺された。犯人は田舎から職探しにやって来て夫婦の家に泊まっていた二十五歳の夫の甥だった。

「ずいぶん絞られたんでしょうよ。だから私と彼がデキてて、私が指図したなんて作り話をしたのよ。馬鹿馬鹿しい。私は夫を愛してたのに」

陪審団はシウミーラが二十二歳で夫が七十四歳であること、夫が六カ月前に生命保険に入っていてその受取人が彼女であるという事実を重視した。

誘拐の場合、その犯罪は必ずグループで行われ、刑は中心人物には十八から二十二年、料理人や見張りのような協力者でも十二から十五年の刑が通例である。

彼女たちはそろってそのような長期刑を宣せられたことに不平をもらす。完璧な歯並びでカールした髪のペルナンブーコ出身の女の話がその典型である。彼女は十三歳の時、彼女を強姦しようとした継父を棒で殴って気絶させた後、母と三人のきょうだいと住んでいたレシーフェのファヴェーラ〔大都市の一角や近郊に位置するスラムのこと〕、ブラジーリア・テイモーザの家を追い出され、サンパウロにやってきた。

「ジャルヂン・ミリアンのある家で料理人の職を見つけた。仕事を始めて三日目に警察が現れて全員が捕まった。中に誘拐された人がいなかったかって？　キッチンから出たことないんだから知ってるわけないじゃない！」

もしくはケジア・ヘジアーニのケース。グァルーリョスの中産階級の地域の生まれ育ちで、十七歳のときからコカインを常用していた。彼女の恋人は組織のメンバーで、クンビーカのグァルーリョス・サンパウロ国際空港の近くのパラーダ・ネット刑務所での服役中に約束どおり借金を月々支払わなかったかどで、その後、仲間たちの手で処刑された。

「週末を過ごしに恋人の家に行ったの。彼はリビングで友人二人とサッカーを見ていた。私は寝室のタンスに私の服を吊るしていたら、窓という窓から突然警察が入ってきて私の頭に銃を突きつけた。奥の小部屋に誘拐された女の人がいたってわけ。だからもう私はまったく真っ白なのよ」

天使のように清らかなのはフランシスカだ。長年薬局で美容製品、軟膏、薬を盗んだ。盗みで何度も捕まったが、そのお陰でたった一人で四人の子どもを大人になるまで支えられたと言う。

「ある土曜日、歯医者に行くっていう友達の家で彼女のおばさんの面倒を見るように頼まれたの。そのおばさんってのが頭がおかしくなっちゃうあのドイツ人の病気に罹ってて寝室に閉じ込められてるって話で。そしたら十五分も経たないうちに男たちが現れたの。部屋を開けるとベッドの足に繋がれてる女がいたのよ。卒倒しそうだったわ」

この方向転換を嘆かずにはおれない。

「一五五の頃は二、三カ月で出たり入ったり。一五九に関わったせいで公有財産になっちゃったのよ」

反対にネゴーナはこれまでの歩みを隠したり恥じたりしていない。

クリスチーナ・アウシリアドーラと名付けられた四人姉妹の長女は十四歳までクラスで一番であったが、父親がブリキ工の仕事をしに機械工場に行く途中、事故で死んでしまった。そのせいで勉強を続けることができなくなり、母が掃除婦をしていた事務所の女主人の家で日雇いの仕事を始めた。

二人は朝の四時に起きて、三人の妹たちの昼食の準備をし、ポアの近郊から二時間半かけて州都の南部のモエマまで仕事に通った。夜、家に帰るとクリスチーナは時間を見つけて、妹たちの宿題を見てやり、翌朝着替える服を用意してやった。

ある日、女主人が仕事中の彼女に電話を掛けてきて、母親が事務所で意識を失い、すぐさま総合病院に運ばれたと知らせた。救急病院の入り口のところで母は脳出血を発症したと聞かされた。クリスチーナ・アウシリアドーラが十八歳、妹たちは十四、十一、八歳だった。

墓地から戻ると、妹たちを集めて、心配しなくてもいいと言った。その時から彼女は家族の長の責任を背負った。全員が彼女に従い、一人も学業を放棄しなかった。十四歳の妹に一番厳しく当たった。

「近所の娘のように十五歳で子どもができたなんて許さないからね。妊娠して私の前に現れたら必ず堕させるから」

三年間は同じ戦いが続いた。家計はずっと苦しいままだった。遊びに出かけることも恋をすることも自分の生活さえなかった。時間があれば家事をし、服を繕い、妹たちの宿題を見た。妹たちを一つにまとめ大学に進学させると決めていたのだ。無謀な願いだと近所の人たちは陰で笑っていたけれど、面と向かって笑う勇気のある人など一人もいなかった。

　二十一歳の時、女主人がリオデジャネイロに引っ越すと彼女に知らせた。仕事ぶりが認められて、クリスチーナ・アウシリアドーラは次の仕事までの一時金に法定の五倍の額を受け取った。

「どうやって仕事を探そうか。サンパウロには知り合いは一人もいないし。一軒一軒訪ねまわればいいの？」

　ポア、モジ・ダス・クルーゼス、サレゾーポリスやその周囲の町で探したが、見つかる仕事は最低限の出費さえ賄いきれないものばかりだった。一番上の妹に学校を止めさせるのは頭の片隅にもなかった。もうすぐ大学入試に備えなければならないのだから。

　ある午後の終わり、仕事探しで足を棒にし、疲れ切って家に戻った。失意に打ちひしがれた。

「トイレに籠ってむせび泣いた。生まれて初めて自分を憐れんだ」

　その晩、決心した。

「金が尽きる前に彼の居場所を探そうと決めた。父が言っていたように『強い竹は曲がるが決して折れることはない』んだから」

　探したのは母の従弟で、密売で州立刑務所に服役したことがあった。

　従弟は彼女がその世界に入るのを思いとどまらせようと言葉を尽くした。汚職警官や飲み水の価値もない暴力的な輩の世界で危険極まりないと言った。いずれ彼女も刑務所送りになるか命を落とすかして妹たちを路頭に迷わせると主張した。

クリスチーナ・アウシリアドーラからネゴーナ――グラジャウとその近隣で名高き麻薬密売所の元締め――に変わるその頃のことは思い出したくないとやんわりと断った。ただ一度も捕まったことはなかったと言った。妹たち一人一人にちゃんとした家を建ててやり、高等教育を終えさせた。妹たちは職業を得て、結婚し、子どもを儲けた。彼女とは正反対に。

「自分にはそんな時間はなかったのよ」

まさに一番甘やかされた末っ子は妻にたかって生きる慢性的な無職男と結婚し、家族を支えるために三つの学校で授業を掛け持ちした。

そんな役立たずと縁を切るようどれだけ忠告したか知れないネゴーナの元に、ある日、そのろくでなしに恋人がいて地区のモーテルで午後に逢引きをしているというニュースが届いた。その程度の裏切りに動揺するほど彼女はやわではなかったが、義弟の厚顔無恥さだけは許せなかった。

「愚かな妹が授業をして稼いだその金で、モーテルで楽しむなんて」

午前十時、妹が仕事に出かけ、甥っ子たちが学校にいる時間に、彼女はドアを壊れんばかりに叩いてその恥知らずを目覚めさせた。

ドアが開くや否やパジャマの襟元を掴みその顔に平手打ちを二発食らわせ、背を向けて出ていった。入る時も出るときも一言も口を利かなかった。

その晩、妻が姉に告げ口をしたに違いないと確信した義弟は、息子たちの前で彼女を叩きのめすという不幸な考えを抱いた。子どもたちの叫び声に驚いた近所の人が警察を呼んだ。

翌日、ネゴーナの仕事に協力していた刑事からその話を聞いた。

土曜日の朝だった。彼女は服を着替えるとタクシーを捕まえた。義弟は子どもたちとリビングで彼女を迎えた。妻は残念ながら風邪をひいて頭痛がひどく寝室から出ることができないと言った。ネゴーナはその男を台所の隅に呼ぶと、リボルバーを取り出し小声で言った。

「顔面に一撃喰らいたくなけりゃ子どもたちを連れてここから出て行きな」

三人が出て行くとすぐにネゴーナは寝室に入った。妹の顔は変形し、大きな血種が右目を塞ぎ下顎まで広がっていた。左腕にはギブスがはめられていた。

子どもたちの父親を許すよう懇願する妹を無邪気な顔を装って落ち着かせた。

「おちびちゃん、私が甥っ子たちを父なし子にしたいと思うわけないでしょ」

何日か過ぎた。ある暑い日の午後、ネゴーナは待ちかねていた電話を受け取った。あの暴力夫がいつもの場所で恋人と逢引きしていると。

彼女は手下の二人の若者を連れて行き、モーテルの受付の従業員の男女を脅した。手下の一人が女にリボルバーを向けている間に、もう一人の手下と従業員の男を伴って義弟のいる部屋に向かった。

その従業員がドアを開けた。ベッドの上でパンツ一枚のその征服者は恋人の着替えが終わるのを待っていた。武器を手にしたネゴーナは、連れの男に動揺した女と守衛を出口まで連れて行くよう命じた。義弟と二人だけになるのを待って五発撃った。

その罪が原因で刑務所に行き着いた。二十年前に母の従弟がいた同じ場所に。

いろいろあったけれど自分はやり遂げたと思っている。

「その妹は再婚した。気立てのいい男と。三人の妹は自分名義の家を持ち、仕事もある。甥っ子も姪っ子もまっとうに育っている。誰一人道を外れることなく」

週末に面会も受けない。

「私が禁止してるのよ。説得するのに骨が折れたけどね。私の家族が刑務所に近づくなんて想像もしたくないのよ」

殺人は後悔していない。義弟たちとの関係はいつも良好だったと言う。亡くなった男は別だけれど。

最後にブラジルの刑法に建設的な批判をした。

「何人も義弟がいる人には一人だけは殺す権利を付与するべきよ。罪と見なすのは二人目からにして」

孤独

囚人の女の最大の苦しみは見捨てられることだ。家族、友人、夫、恋人、実の子どもたちにも忘れ去られ刑に服す。世間は男の親族が刑務所に入ることに対しある種の寛容ささえ見せるのに、女の場合は一族中の恥となる。

収監中、男は女の訪問を当てにできる。母親でも妻でも従姉妹でも隣人でも。自分がサンパウロの刑務所にいようが、何百キロも離れたところにいようが。監獄の女は忘れ去られる。

雨だろうが、寒かろうが暑かろうが、週末に男性刑務所の前を通る者はその列の長さに驚く。列を成すのは女、子どもがほとんどで、食糧が詰まった大量のポリ袋がずらりと並ぶ。列の最初を確保すべく前日の午後にはすでに女が到着し始める。プラスチック製のテントを組み立て、夜を過ごす。そうすれば検査所も一番で、愛する男と過ごす多くの時間が保証される。

女性刑務所で十一年間ボランティアの仕事をしたが、前夜から夜っぴて開門を待つ人を見たこともなければ話に聞いたこともない。列も短く、こちらも女と子どもばかりで男は少ない。いてもたいていは年寄り――父親か祖父か――である。ごくわずかな若い男たちは「個別訪問プログラム」〔事前に身分証と顔写真を登録すれば、囚人の房を訪ねることができる制度。暗黙の了解で同衾も認められている〕に登録した夫や若い恋人たちに限られる。女の囚人たちにこのシステムが導入されたのは二〇〇二年のことで、男の刑務所で始まってからほぼ二十年後のことだった。それも女性の権利を擁護するグループがさんざん圧力をかけてのことだった。

その恩恵に与る囚人の女は数少ない。この刑務所内で個別訪問を受け入れる囚人の数は一八〇から二〇〇の間を前後し、全体の一〇パーセントにも満たない。

個別訪問は、家族の離散を食い止め、カップルの愛情の絆を維持するのに不可欠だ。何年にもわたって刑務所で女性を孤立させると、素行が荒れ精神に変調を来すようになり、社会復帰を困難にする。旧カランヂルの七〇〇〇の囚人のうち、約一五〇〇人が「個別訪問プログラム」に登録していたが、その数が現実を反映しているわけではない。というのもそのような大人数の中での密かな出会いを妨げるのは不可能であるし、女性を搾取する囚人の訪問者名簿には売春婦も混じっていたからだ。母の日、父の日、クリスマスのような特別な日には一万から一万五〇〇〇人が牢屋に溢れた。

女への訪問者は、そのような日であっても比較にならないほど少ない。クリスマスに先立つ何週間か、囚人たちは壁にサンタクロースや色とりどりのリボンやボールの絵を描き、凝った文字で「楽しい祝祭日を」の言葉を添える。刑務所の雰囲気をカモフラージュするため入り口のガイオーラの鉄格子を緑と赤のクレープ紙で隠し、上階の手すりからは様々な色のテープや松の葉を模した装飾品を垂らす。

クリスマスは二十五日に先立つ日曜日に祝われる。検査所を通るのを待つ列はせいぜい二〇メートルである。様々な年齢層の女たちがパン、ビスケット、パネトーネ、ケーキの包みが入った袋に、調理した米、パスタ、ローストチキン、ポテトサラダ、ローストビーフの入ったプラスチック容器、大きな清涼飲料水のボトルを手にしている。やせぎすの女たちはその重みで体が「く」の字になる。列の中には赤ちゃんを抱えた母親やもう少し大きな子ども集団がいて、母親の手を焼かせている。

訪問を待つ囚人は棟の内部のガレリーアの脇に立つが、数は少ない。入り口のガイオーラにはリーダーたちがいて、隣のサンタクロース姿の囚人が横のテーブルに並べたお菓子やチョコレートを子どもに渡す。三棟のサンタクロースは恰幅の良い女性で私に頼んだものだ。

「先生、先生の本に私のフルネームを書くのを忘れないで。私がこのサンタクロースを何年も務めたってね」

子どもたちの姿を認めた女たちの目の輝きには心動かされたものだ。子どもたちにキスの嵐を浴びせる。小さな子は抱き上げる。もう少し大きな子どもはその手を引く。家族がそろって入念に飾り付けられた房の中へと入っていく。毎週日曜日の訪問者の数は八〇〇ほどである。一人の囚人が多人数の訪問を受けている。疑問が頭をよぎる。いったい何人の囚人が誰の訪問も受けずに週末を過ごすのだろうか。

数年前のある曇った日曜日、奇妙なことに多くの男が列を成していた。診察のある月曜日にマウリシオ・グァルニエリ所長に前日の尋常ではない男の数の理由を尋ねた。

「ちょうど二〇〇人以上が移送されたところだったんだ。最初の日曜はみんな来るんだよ。二、三週間もすれば一人もいなくなるがね」

本当かどうかを確かめるために一カ月後に見に行った。所長の言ったとおりだった。

私が知っている密売で捕まったきょうだいのケースでは、母親は何時間もかけて州の奥地に収監された息子を訪ねるのに、州都の刑務所の娘に会うのに地下鉄に乗る労さえ惜しんだ。

最もドラマチックだったのは二十歳の若者のケースだ。ティーンエイジャーの頃からのコカインの常用者で売人でもあった。馬鹿正直な彼は、預かったドラッグをブラースの既製服店の店員の姉の部屋の洋服箪笥の後ろに隠した。警察に発見されると弟はその罪を認め、包みをその場所に隠したのは厳しい姉の監視の目をごまかすためだと説明したが、警察は耳を貸さなかった。母親も家族の支えであり模範的な生活をしている娘の潔白を主張した。

二人の子どもが車両に押し込まれるのを見て大声を上げると、警官の一人が彼女に言った。

「いい加減にしないと、奥さん、あなたもしょっ引くよ」

ごく稀に面会に訪れる母に娘は尋ねた。このような苦しみをもたらした張本人でしかもサンパウロから二八〇キロも離れたイアラスにいる息子をなぜ毎週のように訪ねるのかと。自分は不当な罪でたった一人で刑に服しているのに。

「あなたは大丈夫。でも息子には母親が必要なのよ」それが答えだった。

夫や恋人は簡単に彼女たちを忘れる。顔を出さないばかりか手紙も書かず、刑務所から密かにかかってくる電話もそれとわかれば出ようともしない。男性刑務所の訪問日に入り口でドラッグ所持の現行犯で捕まった女さえ躊躇なく見捨てる。男を助けるためにそうしたのに。

女が、捕まった男を見捨てて別の男と付き合い始めようものなら、哀れにも死の危険にさえ脅かされるのに。

二十歳を少し過ぎた若い女を診た。内気で行儀がよかった。悲し気な顔つきをしていた。時に輝かんばかりの魅力的な笑顔を見せる。聖書を引用し、口を開けば後悔の言葉、善因善果を言明する。無垢な眼差し。身の毛もよだつ罪を犯した男女のそれに何度も騙されている私は目の前の人を軽々には判断しない。無実だという時はいつでも、嘘の可能性が大であるという原則から始める。話の内容の一貫性で一〇〇パーセント嘘かそれに近いかのどちらであると。

しかしながらその娘には、入れ墨もなければその世界特有のゆったりした歩き方も無愛想な目つきも話し方もなかった。

南部のサント・アマーロにあるトレゼ広場近くのバス停前に、ポルトガル人の夫婦が二つの壁に挟まれた小さな店を開き、スイーツやスナック菓子、キャンディー、チョコレートを商っている。彼女はその一人娘だった。十七歳のとき、彼女の家の後ろの通りに住んでいたオートバイ乗りの若者と初めての恋をし、夢中になってしまった。十九歳で妊娠した。結婚を決めたけれど、両親は反対した。彼女にはピザの配達人の妻でなく心理学の学士になってほしかったのだ。

月末の代金を支払うため、娘婿は町の通りや車道で命を危険に晒しながら仕事に精を出した。相応の稼ぎがあると分かると、ようやく家族の反対も和らいだ。その若者は自分たちの生活が安泰なのは夜更けの配達の際に受け取る気前の良いチップのおかげだと言った。

娘が二歳になる日の朝、彼女が目を覚ますと夫が戻っていなかった。苦悶の時は二日間続いた。その間、親類や友人が公立病院、救急病院、法医学研究所まで調べてくれた。ようやく届いた知らせは夫が密売の現行犯で逮捕されベレンの臨時拘置所に移送されたというものだった。

彼女は信じようとしなかった。何かの間違いで、二、三日ではっきりすると思った。夜になると娘を両親に預け、ピザ屋に赴き店の主人にとりなしてもらえないか尋ねた。その時、何カ月も夫が姿を現していないことが判明した。

夫を訪ねた最初の日曜日、女の慎みや機微について配慮も躊躇もない職員の前でパンティーを脱ぎ前かがみにさせられた。顔が赤らんだ。

パティオで彼は彼女を抱きしめて泣いた。ジャルヂンスのピザ屋の元同僚がその筋の男で、地区の顔役の売人の下で働かないかと誘われたと説明した。その友人は配達に追われていて、その近隣をよく知るバイク乗りの助手を必要としていた。リスクは少なく儲けは大きいと保証した。結婚したばかりで娘もできたのにあんな乏しい稼ぎでは家族を養うことはできない。
二、三度面会をした頃、心配顔の夫を目にした。理由を尋ねたが、なかなか話そうとしなかった。ようやく口を開くと、現行犯で捕まった時に押収されたコカインはすべて自分が掛け買いした物《ぶつ》で、負債を清算しなければ売人に殺されると言った。負債額は二〇〇〇レアルだった。
絶望して家に帰った。父に借金する以外手立てはなかったが、真実を話してお金をくれるなんてことは夢にも思わなかった。

嘘をついてもすぐにバレた。

「牢屋にいるあのろくでなしを助けるために、父さんと母さんが懸命に働いてきたと思うか?」

夫に父の答えを伝えたものの、彼は懇願を続けた。期限は迫っていて自分の命は妻の手にかかっていると。

次の日曜日、彼女は地下鉄のジャバクァラ駅でコリンチャンス〔サンパウロの人気サッカークラブ〕のキャップに革ジャンパー姿の若者から一〇〇グラムのコカインと携帯のチップ二枚を受け取った。テープで巻き付けコンドームに入れ、テープで封をし、ヴァギナの中に入れた。「恥ずかしかった」とうつむいて告白した。

検査所での緊張ははた目にも明らかだった。職員はいつものようにパンティーを脱ぎしゃがむよう言った。ただし今度はいきんで咳をするよう命じた。

捕まって一年以上になる。娘にも両親にも会えない。面会を拒まれているのだ。

夫は？

「生きているのか死んだのかもわからない」

母と子

子どもたちとの別れはもう一つの受難である。男なら自由が失われてもまだ子どもの母親が面倒を見てくれるという慰めがある。物質的な支援に事欠くことはあっても放置されることはない。女は逆だ。母親の代わりなどいないし、ほんの一時であっても子どもとの生活を失えば取り返しがつかないことが分かっているのだ。母親の愛情の不在を恨み、家族や他人から邪険にされ、ドラッグや犯罪の道に進みかねない。母親は子どもの成長を見ることもできない。悲しみの極みである。

子だくさんの母親は、たいていの場合、子どもたちが親類や近所の家にばらばらに預けられるという解決策を受け入れる。さもなくば後見委員会の権限で公的機関に入れられる。そうなると子どもに何年も会えないか、永久に手放さざるを得なくなる可能性もある。

警察との銃撃戦や犯罪のさ中の仲間割れで思春期の子どもを失い、ショック状態にある女性を何人診たことだろう。

密売で六年の刑を受けたスザーナは三人の若者の母親で、クリスマス前のある晩に診察に来た。末っ子が祖母の家を出たところで二十発以上の弾を受けたという。知らせを聞いたばかりで目を泣きはらしていた。三人とも同じ運命を辿った。二人の兄も、一年前、強盗事件で逮捕される際に反抗して殺された。

「息子たちは、棺の横で母親が『主の祈り』を唱えることなく旅立ってしまった」

妊娠中に収監されたり個別訪問で妊娠した女は、出産のときだけ牢屋を出る。産院から子どもを連れて戻ると、特別な翼の房で六カ月間授乳し子どもの世話をする。六カ月を過ぎると、子どもは家族に手渡されるか、後見委員会の保護下に置かれ社会福祉機関に預けられる。まだ母乳を飲んでいる赤子を母親の手から取り上げるのはとりわけ痛ましい。

私がこの刑務所に着任した当時は、女たちは二カ月しか子どもと一緒にいることはできなかった。それは最低六カ月の授乳期間を推奨する保健省の指針に反していた。母親が犯した過ちのために子どもが不利益を被るという不当さを裁判所が認め、六カ月という期間が尊重されるようになった。

母親が出産のために移される房には、ベビーベッド、哺乳瓶やおむつが置かれた棚、ベビー服を吊す洗濯紐、新生児の家に必要なもののほとんどがそろっている。すべての時間を子どもに捧げる。授乳し服を洗い仲間と経験を分かち合う。一番の古参が初出航の水兵の指導をする。

別れはほどなくやってくる。突然もと居た棟に戻される。暇と叫び声と施錠と孤独。失ったばかりのわが子への思慕もだらだら続く日常の一つとなっていく。

盗品の売買で二度捕まったマルガレッチは、娘が恋人の従妹に連れて行かれた一週間後にか細い声を絞り出した。

「自殺しないのは出所した時に自分の娘を取り戻すという希望があるからよ」

ソランジはそこまで楽観的ではない。サンパウロ州沿岸部のペルイービで十三歳の時に義兄と一緒にクラックを吸い始めた。後々、彼女はその義兄に食い物にされた。母親と姉はドラッグを何としてもやめさせようとした。しかしプロテスタントの牧師が経営するクリニックに三度目の入院をした二日後、彼女が市中へ逃げだしたのを知ると匙を投げた。

彼女がヤク中の仲間と一緒にサンパウロ市にやってきたのは、全員が顔見知りの小さな町で家族にこれ以上窮屈な思いをさせたくなかったからだと言う。バスターミナルからその足でクラコランヂア〔家を無くしたクラックや麻薬の中毒者が集まる地域〕に向かった。

懐胎から五カ月を過ぎて初めて彼女は自分が妊娠しているのではないかと疑った。それでも診察も妊婦健診も受けなかった。

「どうしたってクラックを止められるわけでなし、医者に行っても無駄よ。ドラッグに心を支配されていたんだから」

ソランジは東部のレオノール・メンデス・ヂ・バホス病院で二キロに満たない男の子を生んだ。その赤ん坊は生まれて何日も落ち着かなかった。なかなか寝付かず引き攣ったような泣き声を上げ授乳後も収まらなかった。通常の生まれたばかりの子どもとは何もかも違っていた。経験豊かな看護師たちは禁断症候群だと判断し、社会福祉事務所に援助を要請した。

社会福祉士はホームレスの母親に赤ん坊を手渡すことは禁じられていると説明した。唯一の選択肢は保護を引き受けてくれる親族を見つけることで、ソランジは母の住所を知らせた。

退院時、子どもを残して翌週の受診予定カードを受け取った。

「お金も行先もなしで通りに出た。クラコランヂアの外には知り合いは誰一人いなかった」

翌週、担当者から家族が見つからないと聞かされた。母と姉は北部へと引っ越してしまっていた。もっと探してみるからあきらめてはだめだと言われた。見つかるまでの間、息子は同じ境遇にある他の子どもたちがいる保護施設に行くこととなった。

さらに二度訪ねた。

「とっても苦しかった。今、私は世界に独りぼっち。息子にも二度と会えない。どうしたらいい？ ホームレスのクラックの奴隷には死に場所すらなかった」

ある晩、ルス駅近くの通行人を襲おうと集団でクラコランヂアを出発した。一番無謀なエスケレット〔「骸骨」の意〕が包丁を所持していた。

「クラックを吸う奴が強盗するにはナイフしかない。リボルバーがあればとっくに売っ払ってる」

彼女も一緒だった。

「売春にもうんざりだった。一〇レアルかクラック一片《ひとかけ》のために体を委ねるのが生活だなんて言える？」

三人襲ったところで彼女は携帯を手に入れた。

「心沸き立ったわ。あんなに画面が大きくて黒くてしゃれてるのは見たことなかった。密売所でその宝物を売ろうと勇んでかけた。山ほどクラックが手に入る」

次の角で連れたちが強そうな男を襲った。抵抗した男は腕に怪我をした。密売所に着く前に携帯を持ったまま捕まった。強盗行為で八年八カ月を宣せられた。

刑務所に着いたときに四カ月間生理がないと告げた。検査をすると二度目の妊娠が判明した。彼女を出産前の補助担当に送ると、そこで私との接触は途切れた。

一年後に顔を出した。母乳を止める薬を欲しがった。六カ月間授乳し後見委員会に娘を渡した直後だった。出所したら会える可能性があるかどうか尋ねた。

長い沈黙の後、うつむいて自分に言い聞かせるかのように答えた。

「会うって……、どうしたらいいの？」

多産

刑務所で二十五歳以上で子のない女を診る際、可能性は二つ。不妊症か同性愛者。

その年齢で二人三人は当たり前、四人五人も珍しくない。患者の中で七人八人、それ以上の子を持つ女を診ない日はない。百年前の女であれば誰もが羨む多産ぶりである。

ジェニーは三十四歳の太り肉のモレーナで、サンパウロ市西部で密売により捕まった。十人の子持ちで、十一歳の時に十二歳の男の子と恋をして一番上の子を産んだ。

「分別もないあたしがどうやって子どもを育てるの？　学歴も夫も家族の助けもなしに」

思春期の妊娠はファヴェーラや貧しいコミュニティに蔓延する伝染病である。社会はその存在を認識してはくれないけれど。避妊は中流階級以上であれば解決済みの問題である。アフターピルや避妊リング、長期作用型避妊法が利用でき、不妊手術、精管切除、非合法ではあるが比較的安全な状況下での中絶手術も可能である。だが最貧層の思春期の女性への無関心は人倫に反する。

女の子が十五歳で妊娠し子どもの世話をするために学業を止めれば、彼女だけでなく子どもの将来にも影を落とす。さらにもう一人の子どもを扶養しなければならない両親はますます貧しくなる。望まずして父親になった男の責任感など全く当てにならないからだ。

幼くして妊娠する女性たちは確かに衝撃的であるが、その後に続く妊娠も状況が同じであることを我々は見過ごしている。貧困、無知、粗末な住宅、過密、アルコール依存症、クラック、DV、周囲に存在するアウトローたち。

薬物売買の魔の手以外にも、盗人や元受刑者、犯罪者集団のメンバーの強盗と恋仲になる危険性も高い。まじめに働いたり勉強したりしている者には縁のない大きなバイクを持ち、高級スニーカーにサングラス、流行りのジーンズを身に付け、腰にリボルバーを差す。金回りがいいのはそのような者たちだけだからだ。

そんな輩と一緒になると、その女たちは保護され、経済的援助、コミュニティでの社会的地位——悪党の女を蔑ろにすれば身に危険が及ぶ——が保証される。残念ながらそれは火の手に近づくことであり犯罪や牢屋に一歩踏み出すことではあるが。

マルタは市東部のサン・マテウスの中の小さな町で生まれた。三人娘を持つ夫婦の末っ子だったが、その生活も長くは続かなかった。父親が家を出て、思春期を終えるか終えないかの若い娘と同棲を始めたからだ。

十一歳になると生活費の足しにするため姉たちと一緒にプラスチックのミニカーを組み立て始めた。

学校から戻ると作業を始め、寝る前のシャワーまでその単純な仕事を続けた。日曜だけは通りで友達と遊ぶことができた。

十二歳の時に十五歳の恋人ができた。ある寒い土曜日、テレビの前のリビングのソファーの上で毛布にくるまり母親や姉たちに悟られないように行為をして妊娠した。

難産で何時間も苦しみ、産科医は手術まで決心した。マルタは十四歳になる前に女の子の母親になった。

恋人と一緒に暮らすこともできなかった。

「あたしたちときたらみんな最貧層だった。家《うち》も彼のとこも似たり寄ったりの」

最初の何カ月かは彼は毎日子どもに会いに来た。八百屋のご用聞きの仕事に就くと訪問は週末に限られるようになった。赤ちゃんが八カ月になるとマルタは再び妊娠した。

母親と姉たちは収まらなかった。父親のわずかな援助でさらにもう一人どうやって養っていくのか。さらなる不幸が彼女に訪れた。恋人が近くの通りに住む彼女の同級生を妊娠させていたことがわかったのだ。喧嘩別れをした。

「仕返しに娘に会うことを禁止した。そんな役立たずはこっちから願い下げ」

十六歳になる前に二人目の娘を生んだ。

その一年後、エヂーニョ・ダ・オンダ〔オンダは「ホンダ」のポルトガル語読み。同社のバイクを指すと思われる〕と知り合った。密売所のオーナーの手下で、借金を抱えた常習者が身震いする暴力的な取立屋として名を馳せていた。

「最初は彼が怖かった。でも後でいい人だと分かった。優しい言葉を掛けてくれた」

家族は懸命に彼女に忠告した。そんな悪党はいつ何時刑務所に入るか撃たれて側溝で命を落とすかわからない、関わっちゃいけないと。彼女は耳を貸さなかった。六カ月後、二人の娘を連れて恋人の家に引っ越した。

予想に反してその若者はとてもいい連れ合いだった。

「彼は娘たちの父親の役目を果たしてくれた。学校に迎えに行き、きちんと勉強が分かっているかどうかおさらいまでしてくれた。何の不自由もなかった。必要なものを買うように生活費も手渡してくれた」

唯一の不満はエヂーニョ・ダ・オンダの帰宅がいつも朝日が昇った後になることだった。不審がるマルタに彼は訊くなと答えた。彼女と娘たちには知らないほうが幸せなこともあるのだと。

ある晩、エヂーニョはいつもより早く戻った。

「前の女との間に息子が二人いるんだ。その母親が一日中クラックを吸うようになっちまった。子どもたちをここに連れてきていいか?」

驚きはしたけれど喜んで受け入れると答えた。

「彼があたしたちにくれた愛情のせめてものお返しのつもりだった」

三年間、仲良く家族で暮らした。そしてまた妊娠した。七カ月目、マルタの母親の最悪の予想が本当になった。エヂーニョがとあるバーの入り口の前で取り立てをしている時にバイク上で銃弾を浴びせられたのだ。

マルタはくじけなかった。

「どれだけあたしが苦しんだかは神様だけが知ってる。でも私には面倒を見なきゃいけない四人の子どもがいたのよ。それにおなかの中にもう一人」

七日目のミサの後で密売所のオーナーのところへお願いに行った。彼は妻への愛情を隠そうとしなかった仲間の死に弔意を示した。一週間以内に殺した奴らに復讐すると誓った。

「血は血でしか贖えないんだ」

続けて言った。信頼できる会計係を必要としている。仕事は夜間の事務。昼間は子どもと過ごし、夜は子守を頼めばいい。金は大丈夫だと。

密売所のビジネスはとても順調でオーナーは近隣の別のシマを二つ手に入れた。売買、供給者や売人への支払い、買収にかかるすべての金の出し入れをマルタが管理した。オーナー以外で組織の金の流れを知る唯一の人物となった。報酬は週二〇〇〇レアルで、当時としては大金だった。

この業界の常でよい時は長続きしない。警官のグループから三つの密売所を目こぼしする代わりに月一〇万レアルを要求されるとビジネスは終わった。オーナーには承諾できない額だった。

マルタは事務所で五人の売人と一緒に逮捕された。オーナーは、彼らの言うところの「頭を冷やさせる」ため、捕まることはなかった。

刑務所ではオーナーの援助を受けた。五人の子どもたちは母と姉たちと一緒に住むこととなった。家族は団結しており家計の問題もなかった。

「無駄遣いしなかったからね。全額、母とまだ独身の二人の姉の名で貯金した。店を持たせて、万事うまくいくよう手配したんだ」

その朝は格別嬉しそうだった。

「先週末に孫が生まれたんだ」

「孫だって？　いったい自分は何歳なんだい？」

「二十八歳よ、先生」

「二十八？」

「そう。あたしも年を取ったもんだ」

アルコール、マリファナ、コカイン

違法薬物のない刑務所はいまだ作られてはいない。おそらくアメリカや日本のような管理体制が厳格極まり、最大限の警備が敷かれている小規模な刑務所であれば可能であろうが、世界中に存在する大量の囚人を収容する刑務所で密売を無くすのは人の手では不可能である。

このことが不法薬物の合法化を擁護する者たちの論拠の一つにもなっている。違法薬物が牢屋の鉄門をくぐるのさえ阻止できないのに、自由な市中で警察がドラッグを撲滅できると想像するのは笑止千万であると。

二〇〇〇人以上の食糧、企業が提供する作業の資材、施設維持や修理その他の必需品を積んだトラックが女性刑務所の門を入ってくる。通常の業務に支障を来さずにその荷台の箱の一つ一つを改めるなどどうしたらできるだろう？　毎週日曜日の訪問者一人一人の服やすべての女性のヴァギナや直腸、食糧の入った袋を厳密に調べるならば、どれだけの時間が必要になるだろう？　マリファナ一束の持ち込みに目をつぶる買収された職員をどうやって見分けることができるだろう？　わずかな数の刑務官で、夜陰に紛れてマリア＝ロウカ〔「気狂いマリア」の意〕を蒸留する房をどのように特定したらよいのか？

マリア＝ロウカは一九二〇年代の刑務所創設以来の伝統的な蒸留酒で、刑務所内の房で製造される。容器の中に米やトウモロコシの粒をそのまま入れる。水、砂糖、粉酵母、入手可能な果物の皮を加えてかき混ぜる。容器を薄い布で覆い、匂いがガレリーアに漏れないようしっかりと蓋をする。発酵のためその混合物は一週間放置される。

内部の圧力があるので蓋を開ける際には注意を要する。中身を清潔な布で濾す。固形物のカスは便器に放り込まれ痕跡を消される。液体は上部に穴の開いた器具に入れて火にかけられる。上部の穴にはプラスチック製の管がはめ込まれていて管は銅製の蛇管へと繋がる。

沸騰すると蒸気が管を上がっていき蛇管に至る。蛇管は冷水の入ったマグカップで冷やされる。冷却を続けることにより蒸気が凝結し蛇管の出口に置かれた瓶にしたたる。これで飲用可能な飲み物が完成する。

手作りのマリア＝ロウカには太刀打ち不可能なライバルがある。工業的に作られたコニャック、ウォッカ、ウィスキー、不意の巡回に備えて作られた見た目は無害のたっぷりのウォッカが含まれているゼリーである。有利なのは値段の安さだ。こっちがリットル約五〇レアルであるのに対し、ライバルの製品は一〇〇から一五〇で、検査所を通過する困難さに応じて値段が上下する。

規律担当者はアルコール飲料を最大限抑制しようとする。酔っぱらった女たちは喧嘩をし風紀上の問題を引き起こす。職員たちの言うことを聞かなかったり危害を加えたりしかねない。

どれほどの対策を取ったとしても供給不足により牢屋に酒が出回らないという期間はほとんどない。最も長かった時期の一つは二〇一四年の十月に始まった。酔っ払いの囚人のグループが関与した乱闘が原因でPCCの最高幹部らをうんざりさせたのだ。翌週の「お達し」（指揮下にある刑務所のそれぞれの日常生活の行動を規定する中央司令部により下された決定の総体）で、棟のリーダーである「姉妹たち」は、幹部からマリア＝ロウカの製造を中止するように厳命を受けた。悪党が定めた規律に関する命令は常に厳罰が伴う。禁酒法は六カ月間続いた。

コマンドの「姉妹」の一人が私にその話をした時、私はこう言った。

「君たちおかしいよ。勇敢だ、悪党だ、犯罪者だなんて言って牢屋を仕切っておきながら、『お達し』のときには男にかしずかなきゃならないなんて」

冗談のつもりだったが、彼女のお気には召さなかった。

コカインの牢内での密売は最も利益が大きい。二〇一七年初頭の納入価格はマリファナ一〇〇グラムが八〇〇レアルで、コカインは同量で二四〇〇だった。コカインは匂いもない上、かさばらない利点があり持ち運びも容易である。牢内で売り買いされる商品は需要と供給の法則に従い値段が変動する。

コカインは強迫を引き起こし常習者は理性を失い借金を重ねるようになる。債務不履行は三段階ある。最初が「締め切り」と呼ばれる二十日間。それでも支払いができなければ二十一日目からは七日間の「赤」の段階に移る。さらに未払いが続くと最後の段階「猶予」に入る。こちらは十日間である。「猶予」が終わっても支払いができない者は、職員に安全房への即時移動を申し出なければならない。

さもなければ取立人の暴力にさらされることになる。カランギルで見られたような死刑はもはや存在しない。コマンドの厳命により禁じられているのだ。上層部の許可があって初めて暴力が行われる。

数年前、中央のガレリーアでせいぜい一メートル六〇センチの身長の脱色した金髪の女が刑務官のジェニウダに喧嘩を吹っかけているのを見た。彼女はすべての職員の中で一番背が高く体格がいい。なのに相手にしようとしなかった。

ヴァウデマールになぜジェニウダが挑発されても反撃せずに我慢したかを尋ねた。彼は説明してくれた。

「その囚人は『赤』になっていて懲罰房へ送られる口実を探してたんだ。ジェニウダは二十年以上の経験がある。相手をすれば女の思うつぼで、刑務官を攻撃した罪で、即刻、懲罰房行きになる。ケチなごろつき並みに自分の品位を落としたくなかったんだ」

コカインによる多幸感は非常に強烈で、喜びの感覚に関する神経回路網に持続的な記憶を刻み込む。脳の報酬中枢への強力な効果は、子どもと遊んだり友人に会ったり愛する人のそばにいたりする喜びや、仕事での小さな達成感や満足感、景色や芸術作品の美しさへの感動を無意味なものにしてしまう。コカインが無くなると世界は色を失い、灰色の日が続き、生活は継続困難な重荷と化す。

多くの人が考えるのとは異なり、その中毒性は克服不能なものではない。禁断状況になると常用者は悲しくなったりコカインがもたらす喜びや興奮を求めたりはするが、アルコールやヘロインやニコチンのような中毒症状は起きない。それゆえ専門家は治療中の人々に、薬物、常習者、それを取り巻く環境から遠ざかることを勧める。

粉を見たり、かつて使用した場所に戻ったり、同じ状況下に置かれたり、使用している人と接触したりすると禁断者に苦悩がインストールされる。そうなると心臓がバクバクし手が冷たくなり体が制御不能な不安に支配される。パニック症候群の際に現れる緊迫した死の印象に似る。同時に激しい腹痛や吐き気に襲われ、時には嘔吐や下痢に至る。

他の向精神性薬物を繰り返し使用する際に起きるのと同様に、時間が経つにつれて生体は耐性を進行させ、常習者は知らず知らず使用量を増やしていく。

その段階になると興奮性の効果に、迫害の妄想や錯乱が現れる可能性が高まる。警察が窓から入ってくる、敵がベッドの下に隠れている、何か悪いことが起ころうとしていると思い込む。吸引するたび繰り返されるパラノイア的な絶望により、そのような依存者は「ノイア」という蔑称で呼ばれることになる。

幻覚に苛まれても、喜びを感じられず恐怖の感情しか得られなくても、もう一度吸いたいという衝動は抑えられない。脳が罠に落ちたのである。レバーを押せばもう一回分の量が得られると研究室で条件付けられてしまったネズミのように常習者は過去に経験した多幸感を常に追い求める。もはや苦悩、不安、恐怖しか得られなくても。

私が経験を積んだ医学分野があるとするならコカインの強迫性使用がそれに当たる。一九八九年、カランヂル着任時には血管注射であった。サンパウロ郊外で静かに広まった摂取法だった。エイズの最初の事例が現れた際、公衆衛生の機関によってはじめてその事実が公になった。信じられないと思われるだろうが、当時、コカインを使用するのは金持ちだけだという声が大勢であった。

同年、我々が行ったＨＩＶの最初の研究で、カランヂル刑務所の「個別訪問プログラム」を利用する一四九二人の囚人の一七・三パーセントがＨＩＶの陽性者であり、そのうち九〇パーセント以上が注射器を共用することで感染したと判明した。

並行して行った調査によれば、トラヴェスチ〔女装したゲイ〕の数値は七八パーセントで、六年以上刑務所にいたものに限ると一〇〇パーセントであった。

ある特定の人たちに対するＨＩＶの感染者の全数調査は、それまで世界のどこでも行われていなかったはずだ。

一九九二年にクラックが町にやってきた。まさに伝染病だった。地図からコカイン注射を一掃し、ＨＩＶの感染は減少したものの、ほどなくしてカランヂル刑務所にも蔓延した。ほぼ七〇〇〇人の囚人全員がクラック使用者になってしまったとも思えるほどだった。

刑務所内部の社会の混乱とヒエラルキーの崩壊はすさまじかった。仲間と対立して死を宣せられた者を保護する区画である「黄色」に、刑務所の人口のほぼ一〇パーセントにあたる六〇〇人以上が収容された。負債を抱えた常用者たちであった。

オーバードーズによって死んだり、借金を返せずに殺されたりした囚人の検死に何度呼ばれたことだろう。数えきれない。一箱のタバコ分の借金も返せずに刺殺された若者の検死をしたこともあった。過剰摂取による脳血管の障害で三十歳にも満たない男たちが麻痺した四肢を引きずるのも見た。一つのドラッグがこのような大きな社会混乱や多くの悲劇の原因になるとは想像もできなかった。

診療所では患者が使用を否定しても、原則、嘘だと判断する。実際に間違ったこともあるが正しかったことのほうが多かったろう。

どれだけ監視を厳しくしようと矯正機関からクラックを除去することは不可能だと確信していたのだが間違いだった。コマンドはサンパウロの刑務所の大部分で権力を掌握すると、クラックの売買が規律や経済秩序に有害であると結論し命令を下したのだ。クラックを吸っているところを見つかると罰として殴られる。売人は死刑である。

我々の刑法が様々な軽減事由や加重情状、上訴や対審に縛られているのに対し、悪党たちのそれは口頭による伝承であり想像可能なあらゆる違反を想定する。お役所仕事もなく裁判も即決、処罰も即時執行され時効もない。仲間から盗みをしたり女を強姦したりしてから二十年以上経ってから処刑された男たちもいた。

刑務所から実際にクラックが一掃されるとはにわかには信じられなかった。ようやく納得した際には、一九九〇年代初めカランヂルでコカイン注射が消滅しそれが郊外へと至ったように、今度も町で同じことが起こるのではないかと期待した。私は再び誤った。サンパウロの中心地域のドゥキ・ヂ・カシアス大通り付近で密売で捕まった体重一〇〇キロ以上のジャニーナが説明する。

「なくなりっこないわよ、先生。町の密売で儲けようと思ったら絶対クラック」

私の知らない別のルートもあるだろうが、私が尋ねた女たちが断言するようにドラッグの大部分は訪問者により持ち込まれる。

訪問者の「蟻」の持ち込みまでは阻止できない。少量であれば服に縫い込んだり、食糧の入った袋、靴の踵、赤ちゃんのおむつ、タバコの箱、生理用ナプキン、老女の杖や矯正器具の中に仕込んだり紛れ込ませたりする。どうやって検査するのか？　訪問者一人一人を検査し終えるのにどれだけの時間が必要となるのか？

人間の創造性は侮れない。どれほど警戒しようがそれを上回る。

あらゆる年齢の女性は金属探知の椅子に座った後で、職員により性器の中を改められる。床に置かれた鏡の上で下着を取り前かがみにさせられる。かつて若い母親が現行犯で捕まった。下着を下ろして前かがみになる際、ブラウスに隠れるよう恥丘の陰毛にコカインの入った黒いビニール袋を貼りつけていたのだ。鏡には性器のみ映り中には何もない。ビニール袋を恥丘にしっかりと引っ付くように彼女は入歯装着剤の「コレーガ」を使用していた。それまでにこの方法でいったい何人が検査所を無事通り抜けたのだろう。

一人の若い職員が衛生状態の悪い女の場合は検査を早々に終えると告白した。

「生理用ナプキンを二日間交換していない女がいて吐き気を催した。早く下着を上げるよう命じた。ドラッグがあったかもしれない。おそらくは。でもどうやって調べるのよ。私は婦人科医じゃないのに」

コカイン常用者は跡を絶たず大きな頭痛の種だった。ノイローゼ、興奮、不眠、鼻血。鼻腔を隔てる鼻中隔は壊死するか腐敗するかして一つの空間を成した。副鼻腔に刺すような痛みを感じる者もいた。ドラッグを吸引すると痛みはこめかみにまで広がった。細菌感染による副鼻腔炎はよくある合併症である。借金を背負い、あまねく存在する誘惑に抵抗できずに苦しんでいる無力な女たちがやってくる。

少なからぬ女が助けを乞い人生を地獄へと変える苦しみから解き放ってほしいと手を合わせて頼む。そのような衝動強迫は医学では治療できないし効果的な薬もない。ただ一つの手段は「粉や使用する場所から遠ざかり常用者と会わないことだ」と言うと、彼女たちはうなだれる。

「そんな。ここでは無理よ」

二〇一五年の九月のある火曜日、寝る前にワッツアップ〔ブラジルで普及するメッセージングアプリ〕の最後のメッセージを確認した。「刑務所のあなたの女たちの姿」というメッセージとともに一つの動画が送られているのに気づいた。

信じられなかった。そこに映っている多くの登場人物が自分の知り合いでなかったら、インターネット上で作られたモンタージュに違いないと断言しただろう。

前日、私が診療を終えた少し後、三棟のある階で行われた懇親の様子だった。一階に位置する刑務官の監視所から見えない場所で記念パーティーが行われていた。四階の二つの翼を結ぶ通路がその会場だった。画面の左側にテーブルがあり、その上にステンレスのトレーが置かれていて、そこにコカインのパケでコマンド二十二周年——カランヂルの虐殺後の余波で一九九三年に結成された——を祝う言葉が描かれていた。

テーブルの中央のベージュのプラスチックのトレーには二つの列が作られ、一列に二十二回分が並べてあった。画面の右には、青いトレーにピンクのエナメルが施された囚人の手が映り、トランプのハートの五のカードで粉の列を整えている。

その階の側面のガレリーア、テーブルのある場所の手前に位置する通路、下の階の通路には女たちが溢れ、手拍子を打ちながら「一五！　一五！」と叫んでいた。一五‐三‐三（ポルトガル語のアルファベットの順番で十五番目はP、三番目はC）の初めの番号で、組織を示す伝統的な隠語である。

テーブルの左には刑務所のリーダーの一人が現れた。でっぷりとして高血圧とコントロール困難な糖尿病を患っているその女は、囚人たちに二列に並ぶよう頼んだ。一人当たりの分量が少なくマリファナは三人に一本しか渡らないと詫びたあと、記念のケーキを作る時間がなかったことを弁明した。

動画は整然と列を成し順々に自分の分を吸う囚人たちを映した。テーブルの右側ではペットボトルを持った女が、差し出されたマグカップにオレンジジュースの色をしたアルコール飲料を注いでいった。ある囚人の携帯で撮影された動画は信頼できる相手に送られたのだろうが、拡散してしまった。二十四時間後には YouTube を通じて私の携帯にまで届いた。その動画を見終えた時に覚えたのは、撮影を許した迂闊さと無責任さだった。

行刑局の反応は早かった。警備部長と二人の職員がポストを失い、行政監察官室が調査を始め、房の一つ一つが隅から隅まで改められ、様々な権利の剥奪が発表された。刑務所全体がその大胆な挑発行為の代償を払うことになった。

特定された囚人は「市電」に乗せられて(「移送」を意味する)他の刑務所に向かった。そしてパーティーのリーダーはプレジデンチ・ヴェンセスラウの重警備刑務所の独房に移った。矯正制度史上、同所に送られた最初の女性になった。

二週間後、再び三棟での診療を始めると、彼女たちは、失った利益や規則の厳格化、即時介入隊(GIR)によって行われた捜査を嘆いた。GIRは、以前その任を担っていた軍警に代わる組織で、州の刑務所での反乱を抑制したり捜査したり命令を課したりするために特別な訓練を受けた刑務官から成る。GIRの創設は一九九二年の大虐殺の結果であり、その時になってようやく牢屋に軍警を介入させる不合理さを認識したのであった。

診察の際、まじめな顔で「動画に映っていたぞ」と言うと、囚人たちは否定したり、特定され移送される可能性を嘆いたりした。もし映っていたなら必ずやそうなるからだ。「パーティーに出てたかどうか告白させるための冗談だ」と言うと、皆、胸をなでおろした。

娑婆での生活よりも刑務所のほうが長いセリアさんにも同じことを試してみたが失敗した。

「見た？　そんなわけないよ！　騒動が始まったらすぐに房に籠っちまったんだから。そこにいない人をどうやって見つけるのさ」

袋小路

薬物の依存度を中毒者が落ちる穴で例えるならクラックが最も深い。

他の向精神薬と同様、コカインの効果は摂取方法によって異なり、使用頻度が増すにつれて弱まる。吸引の場合、鼻の粘膜を循環する血管を通じて吸収され、時間は粉と接触する表面に比例する。血中濃度が増すことにより多幸感の効果は段階的に高まり最高潮に達し薄れていく。そうなると常習者は抑鬱状態になり、さらなる使用を求めるようになる。

血管注射の場合、静脈の循環によりコカインは心臓の右心房に至り、そこから肺に送られ、酸素と結合し左心房に戻る。左心室から大動脈に押し出され、血に溶けたドラッグは組織全体に行き渡る。脳神経細胞に達するとコカインは一般に「バーキ」として知られる感覚を引き起こす。「バーキ」とは神経細胞の間のシナプスにまで高濃度のドラッグが至った衝撃を描写した呼び名である。

効果は急速で強烈だがすぐに消える。慢性的に使用すると効果はせいぜい一分しか続かない。集団でのコカイン注射では自分の番になり摂取を終えると、次が待ちきれなくなり、常習者は前腕を締め付け次に備える。

吸煙式のクラックの効果はさらに早い。浮遊するコカインの微粒子を含んだ煙が直接肺胞に吸収されるため、静脈の循環に要する時間の無駄が省かれるからである。脳への効果は静脈注射のそれに匹敵し、針も注射器も不要で痛みもない。エイズや肝炎のウイルスに感染するリスクもない。そのためクラックが市場に登場するやバーキの流行は消えてなくなった。

吸引は、コカイン注射やクラックの吸煙に比べて効果が遅く緩やかなため、好まれない傾向にある。研究室の動物を使った研究によると、向精神薬の投与とそれによってもたらされる報酬の間のインターバルは短ければ短いほど依存の度合いが強まることが分かっている。この結論は衝動強迫一般に当てはまる。スロットマシンは宝くじよりも悪癖になりやすい。インターネットよりも直接店で買うほうが衝動を抑制できない。

刑務所におけるクラックの常用者と元常用者の数を見れば最貧層においてその使用がどれほど広く普及しているかが窺い知れる。身近に存在する密売所。友人関係。年長の親類や友人の悪例。家庭生活の破綻。育児放棄。若者の無軌道を修正する力の不在。貧困の中で売人が見せる羽振りの良さ。これらが温床となり女たちは薬物に手を染める。なかでも一番安く効果の強いクラックに。

もちろん場末の哀れな中毒者になろうと思ってクラックを始める者などいない。クラコランヂアに思慮なく足を踏み入れたがゆえに個々に悲劇がもたらされたわけでもなければ、警察の抑圧がクラコランギアを作り上げたわけでもない。慢性的に困窮し、身近な友人や親類がドラッグを常用し、家庭生活が崩壊した子どもたちを危機的状況に陥れる社会秩序の結果である。そのような少年少女には、貧弱な学歴しかなく労働市場に加入する準備もできていないのである。

刑務所にやって来る若い女たちの多くは、まだ子どもと言っていいような年齢からクラックを始め、中流階級の子どもが高校に入る時期には無法地帯に辿り着く。

住む家もなく行く当てもない。パイプを手放すこともできない。ではどうやって生き延びればよいのか？

選択する道は三つ。売人になるか泥棒するか売春するかどれかである。もはやモラルの問題ではない。スルリやマルタがそうだったように。

スルリの両親は未成年の娘と二人の息子の前でクラックを吸った。家財道具もすべてクラックへと変えてしまい家には何もなくなった。子どもたちの生活もままならなくなった。見かねた父方の叔母が二人の少年を養子にし、スルリは近所の女に預けられた。彼女は九歳、家と食べ物を提供される代わりに家事をし、その家の女の子の世話をすることとなった。

主人夫婦は暴力を振るうことはなかったが冷淡だった。家具の上や夫婦のベッドの下に埃が見つかったり収納された鍋に汚れが残っていたり子どもから目を逸らそうものなら何日も口を利いてもらえなかった。さらに気に入らないことがあれば夕食も食べさせてもらえずにベッドに行く羽目になった。彼女の手を離した女の子が階段から落ちると平手打ちを食らった。その日、スルリは玄関を駆け出て姿を消した。年齢は十一歳、着の身着のままだった。

セー広場の近くの未成年者に混じってクラックを体験した。

十五歳の相棒の養子になり彼女から密売と盗みを習った。

「町では彼女がお母さんだった。私のことを気遣ってくれる初めての人だった。いつも二人で一つのパンを分け合った」

「町の母さん」たちはホームレスの少年少女の苦しみを和らげてくれた。傍から見れば思春期の浮浪者の女に過ぎなかったが、彼女たちの母性本能と女性的な愛他主義が年少の子どもたちを我が子のように保護したり躾たりした。

「あたしは一度も売春しなかった。彼女から学んだの。どれだけお腹が空いても体を売っちゃだめだって」

マルセーラの意見は異なる。かつて、媚びた目つきで私に妻を裏切って商売女とした経験があるかどうか尋ねた。「ない」と答えたけれど、どうして彼女が診察中にそのような個人的かつ突拍子もない質問をしたのか知りたくなった。

「あたしはどんな男もそういう女とやってると思っている。そんなことするように見えない先生のような人も」

グラジャウで祖母に育てられたため愛情に事欠くこともなく、周囲には模範になる人もいた。だが流行の服を着ておしゃれして夜遊びしたいという気持ちを抑えることができなかった。幼馴染の友人がサンタナの夜の店の支配人を紹介してくれた。そこは地上階にバーとダンスホールがあり、上階はレンタルルームになっていた。

祖母は、彼女がインテルラーゴスの夜間営業のガソリンスタンドでレジ係をしているという嘘を信じ、孫が真っ当な道を進んでいることを疑おうとしなかった。

静脈瘤と糖尿病でいたんだ足の傷の感染症がもとで祖母が亡くなると、自分名義になっていたグラジャウの家を売り、イピランガ大通り近くのワンルームのアパートを借り、ヘプーブリカ広場近くのナイトクラブで働くようになった。そこで元警官の男と知り合い恋に落ちた。男は市の中心街の売春婦たちの用心棒をしていた。

ある一月の午後、その男が彼女にクラックを教えた。明け方には彼女はその塊を買いに出かけ、そこから先はそれなしではいられなくなった。一年も経たないうちに家を売った金も無くなった。ワンルームも追い出され、コラサォン・ヂ・ジェズース広場近くのエルヴェチア通りとヂーノ・ブエーノ小路の交差点のクラコランヂアの住人になった。不幸な仲間たちに混じって商売を続けたが収入は激減した。

「五レアル札のために売春までするようになった。その頃はそれで一個買えたのよ」

彼女の言うところでは、嫉妬で逆上し彼女を攻撃した頭のいかれたクラック常用者の女をナイフで刺した罪で捕まったが、今は半開放〔ブラジルの刑罰の制度。日中は外部で労働し夜間には矯正施設に戻る〕の施設への移送を心待ちにしていると言う。

「今度こそクラックなしの生活を取り戻す。誰からも何も盗ったりしなかったし、他人を不幸にするドラッグを売ったりもしなかった。あたしはごまかしたりしない。不幸は全部自分が引き起こした。自業自得なの」

リベルダーヂで密売と売春をしていたリリはそこまで生硬ではない。背の低いモレーナで髪が短く豊満な胸をしていた。収まらない頭痛を訴えて診察に来た。入牢して四カ月後に息子を生んで以来の苦しみだった。

息子は父親の元にいるのかと尋ねると、顔を曇らせた。

「先生、クラックをやってちゃ誰が父親かなんてわかりっこないよ。息子は母さんの叔母さんのところにいる」

息子の近況さえも分からなかった。養護権を完全に譲渡する条件で叔母は息子を受け入れたからである。

リリの母親が流産の合併症で死んだ後、彼女は教会の女性の家へ引っ越した。三人の弟たちは保護施設に行き、養子の先が決まるのを待った。父親はコカイン注射の常用者で、子どもの世話ができないとみなされて親権を失った。一年も経たずにエイズで死んだ。

リリは養母が大好きで、彼女と一緒に十六歳まで救世教の教会に通った。だがその女性は車に轢かれて死んでしまった。彼女の心に怒りが生じた。イエスに腹を立てた。教会からも離れてしまった。近所に住む悪名高い昔の学友ジュリアーノに近づいた。

二年後、リリはクラコランヂアの真ん中に位置するホテルの部屋で暮らしていた。

「あたしの生活の目的はクラックを買うお金を稼ぐことだけ。リベルダーヂ大通りで売春を始めた。バイシャーダ・ド・グリセーリオの気狂いたちにコカインを売り、車で通る人たちを襲った」

クラックを売らなかったのは用心からではなかった。

「売ろうと思ってもだめなの。全部吸っちゃうんだから」

三〇グラムのコカイン所持で捕まった。あまりに痩せっぽっちだったため警官は同情してくれた。

「こう言ったわ。『でも見逃すことはできない。そんなことしたら班長に買収されたと思われてしまうから』って」

十一カ月前に刑務所に着いて以来ドラッグを使っていなかった。釈放された後で再び元に戻ることを死ぬほどおそれていた。

「あんな生活に戻ったら二度と息子を取り戻せなくなる」

「ここを出たらどこに行くんだい？」

「わからない。行くところもないし、手を貸してくれる人もいない」

互いに見つめ合った。彼女は立ち上がった。

「先生を抱きしめていいかな？」

テーブルを迂回して近づくと遠慮がちに私を抱きしめた。うなだれたまま出て行った。しばらく次の患者を呼ぶことができなかった。

神の思し召し

刑務所に入ると常用者はクラックとの接触を突如断たれる。

逮捕されるまでは幾晩も躁的な興奮に捕まれて、道路の壁にもたれるか側溝で横になるかしてせいぜい三十分うとうとするだけであったのが、房では二日も三日も眠り続ける。同房者は食事の時間に無理に起こさなければならない。何日かイライラする日が続きやがて落ち着く。誰も理性をなくしたり喧嘩したり自傷行為をしたりしない。多くはコカインを差し出されても近づこうとさえしない。せいぜい大麻煙草を受け入れる程度である。喫煙者によれば、ニコチン禁断症状のほうが強烈であり、その魔の手から逃れるほうがずっと難しいと訴える。

クラックを断つことで自尊心も高まり自由になった際の新たな生活の希望も生まれる。この十年間、何度この言葉を聞いたことか。それまで牢屋でそのような言葉を聞くとは想像だにしなかった。

「捕まったのは神の思し召しだったのよ」

どうして？

「あのままだったら野垂れ死んでた」

逆説的だが、自由になるとその神の思し召しも終わりを告げる。金銭も受け入れてくれる家族もない者はいったいどこにいけばよいのか。

ジョジは青い目のガウーシャ〔リオ・グランデ・ド・スルの出身の女〕で、武装強盗の逮捕令状から逃れるためにペロッタスを出た。サンパウロに匿ってくれる同郷人がいたからである。その彼女からパウラォンを紹介された。パウラォンは東部のタトゥアペやモオカあたりのアパートの侵入盗で何度も服役した経験があった。

「パウラォンには確信があるのよ。無礼も許さない。ラジオのアナウンサーみたいな甘い声。一目で恋に落ちたわ」

パウラォンのキャリアは鍵師のための職業訓練コースから始まった。クラス一の優等生で講師の先生のお気に入りだった。

恋人たちは同志になった。守衛を買収し、午後の住人たちがほとんど家にいない時間帯にアパートの建物に入り込んだ。彼女は鞄から聴診器を取り出し玄関の扉に押し当てる。住人の発するどのような微細な音も聞き逃さなかった。誰もいないことが確認できると、男のほうは鍵のタイプにあった工具を選び出し、手袋をはめて中に入る。

欲しいのは宝石と現金のみ。部屋を荒らすことなく隅から隅まで探した。

「私たちは指紋も残さない。帰るときも来たときと完璧に同じ。住人は何日も経って盗まれたって気づくのよ」

　中心街のバイシャーダ・ド・グリセーリオに家具付きのアパートを借りた。年間優秀賞の受賞車にバイクを二台買い、週末にはグァルジャに出かけてコカインを吸った。

　ジョジが子宮外妊娠の出血で入院した週に不運が起きた。手術が終わり退院の許可を待っていたその日の午後、パウラォンは彼女に知らせることなく一人で動くことにした。

「もし私に話してくれてたなら彼を行かせなかった。まだお金は残っていたし、少しぐらい待つのに何の苦労がある？　病気よ。頭がそうなっちゃってるのよ」

　パウラォンが留守だと思っていたアパートのリビングに女性がいた。玄関の鍵音を聞くや、掛け金をかけ、守衛室に電話をした。エレベーターが止められ警察が呼ばれた。

　ジョジは病院で捕まった。二人組はすでにお尋ね者になっていたのだ。初犯の彼女は州都のブタンタンの女性刑務所で二年八カ月の刑に服した。パウラォンには十二年以上の刑が宣せられた。

　釈放された後、彼女はカンピーナスにあるオルトランヂア刑務所に彼を訪ねるようになった。そこは「田舎のカランヂル」として知られていた。二〇〇二年にカランヂル刑務所が破壊された後、囚人が移送されたからである。

　数カ月後、ジョジは門で職員に止められた。彼女の名前が訪問者リストから無くなっていたのだ。パウラォンにはすでに別の女がいた。

「絶望の淵に沈んだの。すべてを失ってクラックに浸った。クラコランヂアの住人になるのに時間はかからなかった」

ＡＴＭから二五〇レアルを引き出したばかりの商人を襲って牢屋に戻った。一年四カ月服役しドラッグから遠ざかった。

釈放令状を受け取ると、刑務所の巨大な門を通りアタリーバ・レオネウ大通りの歩道に立った。その時間の交通量の多さに気を取られた。持ち金は一〇レアルだけ。刑務所の職員の一人から交通費として渡された金だった。

無駄遣いせずにチラデンチス大通りを通ってルス駅まで歩いた。

「クラック中毒者の中に戻った。私を受け入れてくれる人たちは彼らしかいなかったのよ」

クラコランヂアに着いたときには腹が減っていたがサンドイッチを買う気は失せた。

「そこにいたドラッグ漬けの人たちが私の中のライオンを目覚めさせたの」

売人は一〇レアルを受け取ろうとさえしなかった。

「大きな塊をくれたわ。出所祝いだって言って」

売春で生き延びた。ほとんど食事もしなかった。手に入れたわずかな金はドラッグの借金の支払いに充てた。クラコランヂアの伝統で売人は女には気前よくツケで売るのである。女たちには清算する手段があることを知っているからである。

「パイプで火傷した唇でオーラル・セックスをするのがどれほど辛いか。先生には想像もできないわ」

アウシュヴィッツの生き残りのように青白く痩せ細って刑務所に戻ってきた。出所してから一年も経たないうちに。

寝汗、熱、胸の痛み、少し体を動かすだけで生ずる息切れを訴えて診察室に来た。カルテには、前の服役中、出所の許可が出るまでの四カ月間、結核の三剤治療を行っていたとの記載があった。

町に戻ったのは、自由を宣せられた後にこのまま牢屋に残らせてくれと頼むのは犯罪の世界では受け入れがたい規律違反だからだと語った。違反者は安全房に送られる。これはいつか牢屋に戻るリスクを抱える者にとっては不名誉になる。

クラコランヂアに戻ると病気が再発しより攻撃的になった。死の危険と治療を終える必要性を確信して言った。

「刑期は短いけれど今度は病気が治るまで残る。裁判官から出て行くように命じられたら刑務官を襲ってでも出所の許可を取り消させる」

行く当てのない者に釈放令状を与えることは非常に深刻な問題である。刑務所は運営上、その女性が交通費さえ持っていなくても、精神疾患を抱えていようとも、即日、その命令を果たさなければならない。

プロテスタントの教会や「心の導き」が受け入れることもあるが、その問題の大きさに比して数が少なすぎる。

いくつもの宗教団体が刑務所で精神的なサポートをしている。洗礼が施され、その宗派に改宗した信者は一週間の「お勤め」係に任命される。礼拝、聖書の読書会、正午の声を合わせての祈りを行う。

土曜日の午前中、棟にはボタンを首まで留めた男がやってくる。ネクタイはしたりしなかったり。慎み深い服装の女を従えて。プロテスタントの牧師、霊媒者、「心の導き」のメンバーたちである。

一番数が多いのがプロテスタントの集団である。アセンブレイア・ヂ・デウス、アドヴェンチスタ・

ダ・プロメッサ、コングレガサォン・クリスタン・ド・ブラジル、デウス・エ・アモール、ウニヴェルサウ・ド・ヘイノ・ヂ・デウス。スピリティズムはほとんどおらず、「導き」からは男一人と女が四人やってくる。

月に一度、神父がやってきてミサを行う。

「一〇〇人以上集まります。プロテスタントの信者も。女たちはろうそくを捧げるのが神だろうと悪魔だろうがどちらでもいいのです」

労働

人を殺し、盗み、市民から平和を奪った犯罪者を牢内に留め置く費用を負担することに我々は割り切れない思いを抱いている。悪党どもが巷を跋扈する一方で、我々は格子を巡らせた家の中で汲々と暮らすことにももどかしさを感じている。

囚人たちを閉じ込めるために造られた刑務所の維持費を囚人たち自身が賄うことに異論をはさむ人はいない。おそらく頭の中でイメージするのは、昔の映画の中の鉛の玉に繋がれたストライプの制服を着た囚人が、武装した看守の監視下でつるはしを振るったり鉄道の線路を敷設したりする姿であろう。

ほとんど知られていないけれど、囚人たちは、皆、働くことを望んでいる。働くことが好きだというわけではない。自明の理由があるのだ。刑務所暮らしのもっとも苦しい拷問の一つは、際限なく続く無為の時間である。労働は暇を紛らわせることができるし、三日働けば刑を一日減らすこともできる。

帝政時代のガレー船の漕役刑囚のような鎖につながれた男たちの肉体労働は、非生産的であるだけでなく工業化の時代にそぐわないため放棄された。

二十世紀半ばまで矯正制度の一部を成していた農業入植地における刑罰では、受刑者はコーヒーの収穫や牛や鶏の育て方を学んだが、そのような技術は釈放後の社会復帰に何の役にも立たない。一九八〇年代の伝説のカランヂルの所長ルイザヴォンはこう言った。

「フランスに行こうって奴らに日本語を教えていたんだ」

単純な解決策ではその問題の複雑さに太刀打ちできない。我々の刑務所の大半は作業場のスペースを考慮せずに建設された。例えば、裁判を待つ州の囚人の大部分が集まるサンパウロの臨時拘置所は、拘留、釈放、移送と人の入れ替わりが激しい。どのような条件下であれば仕事が提供できるのか？

そのような足かせに加えて、職の提供がなければ仕事も存在しないことを忘れてはならない。刑務所内で労働を提供する囚人を雇おうという企業家がどれほどいるだろう？　企業イメージが傷つくと考えたりはしないだろうか？

実際のところ、囚人が働かないことや機構のコストを批判する社会自体が囚人に就業の機会を与えようとしていないのである。

刑務所に通っている者なら、職員の仕事が警備、監視に加えて、施設の日常生活の維持に必要な業務のコーディネートであることを知っている。清掃や配管、配電、塗装、修理全般、配膳を行うのは囚人たち自身である。

女性刑務所では囚人たちは皆、何らかの形で働いている。約四〇パーセントは内部の仕事を担当し、その他は棟と外壁の間に設けられた外側の作業場で働く。

建築家ハーモス・ヂ・アゼヴェードのオリジナルの設計では、それぞれの棟の両翼に結びついた作業場が設けられている。それは作業と沈黙により犯した罪を反省し「生まれ変わる」という当時の哲学に即してなされた措置である。

全部合わせると一二〇平方メートルある作業場は六か所ある（三つの棟のそれぞれの翼に一つずつ）。それらはガレリーアや房とは直接連結しておらず、一階〔日本式では二階〕に位置する格子の付いたドアを通ってのみ出入りできる。そのドアの向こうに作業場に続く通路がある。

二〇〇七年、マウリーシオ・グァルニエリ氏が所長に就任した際、雇用されている囚人の数は二〇〇で、企業は六社に過ぎなかった。彼は、数々の刑務所——とりわけカランヂルと男性時代の州立刑務所——を長年運営した経験から、「空っぽの心に悪魔が宿る」という言葉の意味をよく理解していた。そのためホベルト・アンドレッティ、通称ガウーショを専従職員にして、企業家に刑務所の四人に職を提供するよう勧誘させた。

ガウーショはその仕事の重要性を正しく理解して、雇用者たちに二つの魅力的な条件を提示した。一つは作業場の賃料を請求しないこと、もう一つは雇用の際の使用者の法定負担を免除したことだ。
五、六年のうちに三三の企業が女性刑務所に事業所を置いた。一五〇〇から一六〇〇の職が創出され、今では囚人の六〇パーセントが働いている。
活動は常に手作業だ。彼女らはパーティー用の装飾品、皿、カトラリーを箱詰めしたり、ボタンを布でくるんだり、水道メーター、商店の袋、美容製品、バックミラー、服、洗濯紐、髪の毛用のゴム紐、メガネケース、サンダル、蛇口、プラスチック製のコネクター、医療用の点滴用具を製造したりする。

運営はプロが行う。責任者を務めるのは会社から派遣された男か女の従業員で、彼らが会社の品質の基準に従って訓練し作業を管理する。例えば点滴用具の組み立てには三〇〇人以上の女が関わっているが、汚染防止が徹底され、エプロン、手袋、マスク、衛生帽を身に付ける。一流の研究所であればどこでも同じ措置がなされている。ブラジル国家衛生監督庁の検査はそれだけ厳格なのだ。水道メーターの製造にも同様の厳格さが求められる。こちらも国家度量衡品質科学技術院の技術基準に従う必要があるからだ。

初めて点滴用具の作業場を訪問した際、責任者の女性はドアを開けると、白い衛生帽をかぶった頭がずらりと並ぶベンチに向かって叫んだ。

「お客様をお迎えした。私たちがここで行っていることは何だ?」

「命を救っているのです」彼女たちは製造ラインから目を逸らすことなく一斉に答えた。

勤務時間は朝八時に始まり、十一時四十分から午後一時の昼休みを挟んで、十六時四十分に終わる。終業後、彼女たちは夕食、施錠、夜間点呼のために棟へと戻る。勤務中にその場を離れてよいのは、トイレに行くか医者に診てもらうか裁判に関わる召喚に応じる時のみである。

欠勤は最小限であり、娑婆の女子工員らに比べてもその規律は厳格である。理由なく欠勤したり、態度が悪かったり、生産性が低かったりすると、失職のリスクが生じる。医師の診察を受けた後には到着時間と退出時間を記録した証明書が要求される。それがなければずる休みをしたと疑われかねないからである。

仕事開始から六カ月間は試用期間であり、その間は生産性の多寡に応じて三〇〇から四〇〇レアルに変動する給料を受け取る。その後は最低賃金で契約される。あらゆる労働者に義務付けられている組合費やその他の税金は免除される。しかしながら一〇パーセントは釈放されたときに受け取る貯金に積み立てられ、二二パーセントは共益費の名目で差し引かれる。それは、清掃、修繕、電気、保健、司法、福祉、召喚、食事の配達を担当する仲間に分配される。

分配はそれぞれの「部門」の管理下にあり、報酬は四〇〇から五〇〇レアルの間である。

「清掃班」は、週に三度、水と石鹸を使ったガレリーアの洗浄、それ以外の日の掃き掃除と雑巾がけ、朝食と昼食の後のゴミの回収も行う。ゴミは大きな台車の上の格子状の箱の中の大きなポリ袋に入れられる。その台車の中央部分に棒が付いていて、係の女たちがそれを引っ張る。キーキーと車輪の音がガレリーア中に響く。

カランヂルで、囚人たちを従わせる命令を発していたのは「清掃班」であった。女性刑務所では、権力は、後で述べるように、別の者の手の中にある。

「修繕班」が任されるのは一世紀を経た設備の修理である。水漏れ箇所を調べるため、シャベルとつるはしで大きな穴を掘り、管を替え、下水の詰まりを取り除く。州がペンキを支給すれば壁や格子にペンキを塗る。塗装係の怠慢や屋根や壁への漏水による見た目の劣化を多少なりとも補おうとする弥縫策である。

患者の一人にかつて収監された刑務所での教育により最高の技術を習得した配管工がいた。彼女は房の便器の下にコカイン一〇〇グラム以上を隠していたのを見つかった。より厳格な刑務所への移送の罰を伴う違反である。

部長の一人にこの話をすると、彼は答えた。

「向こうの所長とはもう話がついてるんだ。三カ月後にこっちに戻すよ。彼女ぐらいうちの配管のことをよく知ってる者はいないからな」

「電気班」の囚人たちは外を走る古めかしい電線や骨董物の配電盤を担当していて、これまで重ねられた間に合わせ修理が原因で生ずる漏電に対処する。カランヂルの房では当たり前にあったレンガの上に渦巻き状の溝を掘り電熱線を這わせた手作りのコンロは、電力に負担をかけすぎるという理由でこの刑務所では禁止されている。禁止されれば減りはするが見えない場所での使用までは無くすことができない。

「保健班」の担当者は保健室——と言っても棟の入り口のガイオーラの中のただの部屋で、テーブル、プラスチックの椅子、寝台、酸素ボンベがあるだけ——で、最初の（ときに唯一の）治療を行う。訴えに耳を傾け、よくある鎮痛剤や腹痛の薬を与え、血圧や血糖値を測り、診察のスケジューリングをし、喘息やその他の肺の病気に苦しむ者に酸素と気管支拡張剤の吸入を行う。人が密集し、湿った壁に菌が蔓延り、ほとんどが喫煙者であるため肺を病む者は多い。より深刻な病状の時は各棟に続く入り口のところの総合診療所に運ばれる。

必要なだけ薬があったためしはなかった。

「仲間たちは鋭い腹痛やずきずきする頭痛や腰痛で動けなくなってやってくる。何をしてあげたらいいの？　パラセタモール？　それで治るの？」担当者の一人は嘆く。

「司法班」には学歴の高い囚人が割り当てられる。彼女たちは刑の重さ、務め上げた刑期、法律上の恩恵や適切な救済を勘案し、刑務所の弁護士が、半開放、条件付き釈放、完全な釈放への移行の請求を行うための準備を行う。あたかも弁護士の様に刑法の条文に通じる者もいる。当然のことながら、「保健班」で働く者同様このカテゴリーを務める者はどの刑務所でも特権的である。

「福祉班」は、家族を特定する必要がある者、もっとも援助を必要とする者、両親や子どもたちの埋葬へ行く許可を求める者の対応をする。家族の死は自然死のこともあるが、大都市の郊外では日常的な悲劇——警察と対峙したか、銃撃戦か、オーバードーズか——で死ぬ者もいる。両親や子どもたちを亡くして泣いている囚人を何人見たことか。見当もつかない。

十二歳の娘をオーバードーズで亡くしたマリア・エヴァンジェリスタの嘆きは悲痛だった。

「犯罪が私に何をしてくれたの？　十年の刑務所暮らしの間に娘をオーバードーズで亡くした。兄二人もドラッグ絡みのいざこざで命を落とした。最後のお別れもできなかった」

「召喚班」で働く者は、裁判所での証言や他の刑務所への移送やその他の手続き上の理由で呼び出された仲間の場所を特定する任務を担う。その他、声を張り上げて全員への通知も行う。叫喚地獄への貢献は計り知れない。

女性刑務所の調理場は、この刑務所の囚人だけでなくベレン暫定刑務所の男たちへの食糧提供も担う産業施設で一日二万食を調理している。

作業は八時間ごとで、三時から十一時、六時から十四時、八時から十六時、十二時から二十時の四つの班に分けられる。

ご飯、フェイジャォン〔インゲン豆を煮込んだブラジルの国民食〕、野菜は、十二の巨大な圧力鍋で調理される。鍋は中央部に平行な二列の線状に置かれている。揚げ物は隣のタイル張りの区画で巨大なフライパンで作られる。野菜を切ったり洗ったりする区画もある。

食べ物は、それぞれの持ち場に就いた女たちにより一つ一つが流れ作業でアルミの容器に詰められていく。レストランでよく目にする回転式の機械で蓋をした後で保温箱の中に収められ、それらの箱は台車に乗せて運び出される。どこの産業用の調理場でもそうであるように作業は迅速で清潔かつ連動的である。この十一年間にただの一度も食中毒や集団下痢の発生を目にしたことはない。これらが発生するのは日曜ごとに訪問者によって持ち込まれる食べ物が原因の時だけである。

別の部屋はパン工場だ。大きな平鍋に小麦粉がぶちまけられ生地が作られる。その生地をオーブンに運ぶ。ここでは一日五〇〇〇個のパンが作られる。パンはクリスピーでよく焼けている。一流の専門店のパンにも劣らない。

組織の運営は委託された企業によって行われる。この企業は公共事業の委託契約を規定する法律の枠組みの中で行われた競争入札の勝者である。

オレンジ色のユニフォームにゴム長靴、白の衛生帽姿の約九〇人の女たちは事前に研修を受けていて、規格化された衛生の規則に従って食べ物の処理を行う。月給は最低賃金で、一〇パーセントは貯金として、二二パーセントは刑務所内の作業を行う者たちに支払われる分として差し引かれる。

残額は、州の管理下で蓄える――刑を終えた時に受け取る――こともできれば、食べ物、清涼飲料水、お菓子、美容製品を買うのに使う――書面で注文すれば当局が購入してくれる――こともできれば、家族を助けるために送金することもできる。

日に四度の食事――五時四十五分の朝食、十一時半の昼食、十三時四十五分の午後のおやつ、十六時過ぎの夕食――を各房に届ける「牛飼い」には月額四二〇レアルが支払われる。ＧＩＲが房の検査に入り込む日は割り引かれる。

囚人たち自身によって、衛生の名の下に、課せられた規則がある。「牛飼い」は床に落ちた物を拾ってはいけないし食事を配る前には石鹸を使ってシャワーを浴びなければならない。つまり日々シャワーを四回は浴びなければならない。一年で一番寒い時期に刑務所ではお湯が出ないこともよくあるが、それも言い訳にはならない。

十一歳の時に十三歳の近所の男の子と組んで犯罪の世界に足を踏み入れたドリーニャは矛盾を指摘する。

「シャワーをいつも浴びなきゃならないし、床に落ちた物を何も拾っちゃいけないくせに、タバコは吸ってもいいのよ」

男のような見た目のゼゼは、デウス・エ・アモール教会の女性宅に月三〇〇レアルと交換で隠してもらっていたマリファナを取りに行って捕まった。彼女は言う。シャワーが癖になっていて、四回シャワーを浴びても寝る前にも必ずもう一回、五回目を浴びる。

男性の刑務所ではホモセクシャルが食事を扱うことは禁じられている。北部の強盗で、『カランヂル駅』の中で私が紹介したカザ・ヴェルヂのゼーの説明によれば、

「ケツをいじってる奴らが食べ物を触ろうなんて認められるかい？」

女性刑務所で同じことが要求されれば食事を運ぶ労働力が不足することだろう。

インフォーマル経済

企業や刑務所内の公的な仕事にありつけない者は、自分の力で生活費を稼がなければならない。彼女たちが言うところの「手帳なし」〔「労働手帳なし」。非正規の仕事を示す〕である。あらゆる活動の自由なイニシアチブが尊重されている。監視の目を欺いて行われるドラッグの売買から家事労働の提供に至るまで。

企業の仕事であろうとドラッグの売買であろうと、逮捕中も自身で経営するか貸すかしている密売所からであろうと資金を自由に使える者は、家事使用人に労働を任せる贅沢ができる。

元クラック常用者のナイールの父親は、アルコールとコカイン中毒の売人で彼女や兄弟、母親に暴力をふるった。ナイールは十歳の時、家を出てストリートチルドレンになった。彼女は家事労働に生存のニッチを見出した。

彼女はデルビの煙草――二〇一七年当時一箱七レアルで売られていた――三十箱で清掃と房の私物の

監視を請け負った。

「ベッドを整えてバスルームの掃除をして埃を取ってマットをはたき食器を洗う。毎週金曜日には家具を動かして、部屋中を石鹸と水で磨く。日曜日に訪問客を受け入れるために」

ナイールはドアが開錠されるや掃除を始める。昼食で中断した後、仕事に戻る。日に二つの房を掃除するのがやっとだった。午前中に一つ、午後にもう一つ。

「囚人って物持ちなの」

二つの房で合計デルビ六〇箱か六カートン受け取る。月に四二〇レアルである。

「丸々自分のもの。国立社会保障院からも組合費も所得税も差し引かれない。ムショの中じゃ大金よ」

とは言え十分とは言えない。彼女には終わることのないコカインの支払いがあるからだ。

「病気なのよ。止められなくていつも借金まみれ。支払ったと思ったら、もうすぐ次」

週に一度、房を掃除する日雇いもいる。その仕事だと月にデルビが一〇箱になる。

刑務所の掃除婦たちは雇用主の衣服には手を触れないことになっている。それはジズライナのような専門の者が行う。彼女はホテルの管理人と組んだ売春婦で、部屋のテレビにカメラを仕掛け、隠し撮りした写真で客を強請った。

シーツや私用の服の洗濯に月デルビ一〇箱もしくは七〇レアルを請求する。アイロンがけまではできなかった。当局により電気アイロンの持ち込みが禁止されているからである。

ジズライナは自分の仕事を気に入っている。

「子どもの頃から家で洗濯やアイロンがけをしてたもの。盥の中で服をこすってると気分が晴れる。頭が想像の世界を旅するのよ。ググ〔一九五九—二〇一九。ブラジルの著名なテレビ司会者〕の番組でインタビューされたりテレビドラマのスターたちと話をしたりハウル・ジウ〔一九三八—。ブラジルの著名なテレビ司会者〕の新人コンクールで優勝したり」

ヴェーラは、規律違反で企業の仕事を首になり三十日間の懲罰房行きを三度経験した。二十七歳で五人の子持ち、人生のうち七年を刑務所で暮らしている。彼女はかぎ針編みに生活手段を見つけ出した。

犯罪の世界に足を踏み入れたのは偶然だったと言う。四人兄弟の末っ子で不自由もなければ愛情に飢えたこともなかった。

「あたしを喜ばせようって何でもしてくれた。八〇〇レアルのスニーカーは買えなかったけれど、三〇〇レアルのを買ってくれた。服だってサングラスだってそうよ。いかしてるのを買ってもらった。何が足りなかったって？　分別よ」

ある晩、彼女の家から二街区離れた昔の同級生の家の戸口に三人の男がいた。彼女が近づくと同級生たちは話題を変えた。彼女が執拗にその話を聞きたがると最後に教えてくれた。これから目の前の道路に停まっている盗難車でモエーマにある高級レストランに強盗に行くところだと。ヴェーラは一緒に行くと言った。理由？

「一人残されてとぼとぼ家に帰るのが嫌だったの」

友人たちは笑った。強盗はお嬢ちゃんのお遊びじゃないんだと。

彼女は腹を立てた。友人たちは自分の半分も腹が座っちゃいないくせに。ねんねじゃないことを見せつけてやると言った。

その言葉に嘘はなかった。

「三カ月すると私がボスになった。半分が私、残り半分を二人が分けた。二五パーセントずつ」

その後、三〇以上の店舗、レストラン、宝くじ売り場への強盗を行い、結果、三つの罰を受けることになった。現在の十五年の刑務所暮らしに、新聞に載った顔写真、家族が味わった恥辱である。

カンピーナスの房で二三人の女たちと暇を持て余していた時に年長の転売詐欺犯にかぎ針編みを教えてくれるよう頼んだ。彼女の腕は瞬く間に先生を追い抜いた。

州立刑務所ではその技術が大いに役立った。

「『房内セット』のおかげで生きていけるのよ」

房内セットは九枚組の編み物から成る。カラフルな糸で飾られた白いマットが三枚。それぞれ入り口の扉、バスルーム近く、房の中央に置く。二枚の保護カバーはシーツを汚さずに座るためにベッドの上に広げる。三枚はバスルーム用。一枚は便器の蓋の上、もう一枚は便器の足元を取り囲む。三枚目はシャワーの後で冷たい床で足を冷やさないため床の上に敷く。最後一枚はドアの小窓に固定する二つのポケットが付いた編み物のクロスである。「牛飼い」たちが朝食のパンをそこに入れる。

これらを仕上げるのにまる三日、六キロの糸が要る。糸は一キロ一一レアルだから材料費は六六。ヴェーラは房内セットを二八〇レアルかデルビ四〇箱で売るので利益は出る。

「五組作った月もあった。売り上げは一四〇〇レアル。悪くないでしょ」

時折ベッドカバーの注文もある。仕上げに手間がかかるが現金なら四五〇レアル、デルビなら七〇箱で売れる。

マリファナ五〇〇グラム、コカイン二〇〇グラム、クラック一五〇個所持の現行犯で捕まったビバが刑務所に来るのは三回目だが、これも致し方ない宿命だと言う。

「一度捕まったら職を得るのはほぼ不可能、二度目となれば警察のお馴染みさんになりもう後戻りはできなくなる」

ただし自分の編み物の腕のこととなると自慢は止まらない。

「ムショで才能が花開いたの。マットみたいなものを編んでる人と一緒にしてもらったら困るわ。私の仕事はオートクチュール。雑誌を持ってきてこれが欲しいって指さすだけ。私は完璧に作り上げる」

品質を上げるためにビバは色落ちのない最高の色糸を使う。「全品セット」を編むには二週間かかる。他と異なるのは洋服簞笥、便器を隠す小さな壁、格子の付いた窓のある壁までをも覆ってしまうところだ。

「私のセットがあれば房が自分の部屋に代わるのよ」

その分値段は高い。全品セットが八〇〇から九〇〇レアル。

房内セット一式すべてを週に一度洗濯する女は、三十日ごとにデルビ一〇箱を請求する。

ジョニーザは視線が定まらない、手の大きなひっつめ髪の女で、ペンシルで眉を太く描いている。身長の低さを、せわしない話のリズムや大きなジェスチャーで補っている。十二年の刑を受けて刑務所にやって来た。恋人の前妻に刃物を突き立てたのが原因だった。彼女曰く「とにかく目障りだったのよ」

ジャルヂン・ミリアンの美容院の清掃係だったジョニーザは、刑務所でネイリストになった。彼女の房の格子の入った窓の下に何十ものエナメル液の小瓶が置かれた棚がある。

デルビ四箱か二八レアルで手の爪の手入れをする。客がエナメル液を持参すれば値段は二箱に下がる。足の爪はさらに値が張る。

「週末に個別訪問を受けるとなると、仲間たちは半狂乱になってやって来る」

そんな日は注文が多すぎて、手足の古いエナメルを除去し、新たな施術のための爪の下準備をする助手を雇わなければならないと言う。四箱か五箱のうち一箱を助手に払う。

同業者よりも値段が高いことを自覚しているが、それはサービスと材料の質が異なるためだ。

「私の使う爪切りも小ばさみも筆も全部一級品なの。私の材料を入れるカバンの中はいつも満杯。ほかの人たちの持ってる物なんて哀れなものよ」

良いネイリストの名声を得るための道のりは厳しかった。

「ここに着いた時、髪の毛を売るしかなかった。女が売れる最後の物よ」

かつら用に自分の髪を売るのは最困窮者の選択肢である。買い手は色や長さに応じて二〇〇から五〇〇レアルを支払う。

髪のカットは驚くほど安い。せいぜい一箱か二箱だ。

フェルナンダは、母と一緒に麻薬取締局の警官に現行犯で捕まった。東部郊外のヴィラ・ジャクイの売人たちの一味は彼女たちのために家を借りて、その家の戸棚の奥にカバンを保管させていた。そのカバンのニセ底からコカインのペースト一キロが二袋見つかったのだ。刑務所では母と同じ房に住むことができた。母は高血圧症と糖尿病を患い、足には治療困難な傷があった。

「母さんと一緒だったのは運がよかった。母さん一人じゃ、家でもムショでも生きながらえることは不可能だったから」

棟にやってくるとフェルナンダは「つなぎ屋」になった。他の四人の所有物や商品の買い手を探すのがその仕事である。

売る物は多岐に亘る。化粧石鹸、脱臭剤、ボディクリーム、口紅、エナメル液、爪やすり、服、スニーカー、サンダル、ビスケット、チョコレート、清涼飲料水。売れるものなら何でも。

デルビ一〇箱以上の大きな売り上げだと「つなぎ屋」は煙草二箱か二〇パーセントを手数料として受け取る。化粧石鹸、練り歯磨き、トイレットペーパーなど一箱で売られる商品は「爪楊枝五本」、すなわち煙草五本を受け取る。それが通貨の最低単位である。

「つなぎ屋」は牢屋で商品の流通を担う欠かすことのできない存在である。

結婚する前、トニーカは美容師だったが、独占欲の強い夫のために仕事を辞めなければならなかった。夫は彼女が一人で出かけることを禁じ、言うことを聞かなければ暴力に訴え、それがエスカレートした。そのやきもち焼きの死体が南部のジャルヂン・エルクラーノの路地で見つかった後、トニーカは殺人教唆犯として起訴された。陪審員たちが誤ったのは、彼女によれば
「検察官が、発砲した若者と私ができてたって躍起になって言い立てたからよ」

刑務所で彼女は三つのタイプの頭髪ケアの専門家になった。「リラクゼーション」と「向上」と「艶出し」である。トニーカは説明する。リラクゼーションはアフロヘアの人向けで、活性化剤の入ったクリームを使って施術し、「毛根をより太く」し、髪の毛にコシを出させる。

彼女が購入した製品を使うとサービスは六〇レアルになる。客がそれを持ち込んだ時には施術代三〇レアルを請求する。

「向上」では、より入念な施術を三段階で行う。最初に残留物を洗い流すシャンプーで髪を二度洗いす

る。二番目のステップではクリームを施す。十分に効果が現れるよう二十分間そのままにして洗い流す。最後は三日後、そのクリームを再び施し、再び髪を洗う。

施術は三カ月ごと、髪がなめらかになるまで繰り返されなければならない。

「向上」のための製品と残留物を洗い流すシャンプーは、トニーカが独身の頃に働いていた美容院の院長から送ってもらう。毎週土曜日は当局がドライヤーとヘアーアイロンの持ち込みを許可する。

クリームを使わないスムージングはデルビ五箱か現金三〇レアル。「向上」はずっと高くて、髪の長さに応じて一五〇から三〇〇レアルに変化する。「艶出し」は安くてデルビ二〇箱からせいぜい三〇箱まで。

タバコによる支払いも受けるが、トニーカは顧客の家族が代わりに行う銀行振り込みによる現金払いを好む。支払いのトラブルはない。

この仕事で月三〇〇〇から三五〇〇レアルの収入になり、銀行の普通預金に預ける。

「シャバでもこんなに稼ぐ美容師はそんなにはないはずよ」

市場経済

牢屋で暮らすにも金がかかる。塀の外よりは安いけれど刑務所にいるのもただではない。

女性刑務所に到着時、州から支給される服は制服のカーキ色のズボンとバミューダパンツに白いシャツだけである。履物や下着、防寒着は自分でそろえなければならない。

入所時にさらにシーツ、上掛け、ベッドカバー、枕を受け取る。服役が続くからといって交換されるかどうかはわからない。

訪問者がいない者は町で代わりに服を買ってくれる人を見つけなければならない。さもなければ使い飽きたか借金の清算だかで手放された仲間の中古の服を手に入れる。売値は品物の状態、需給バランス、売り手の逼迫度により変動する。

働かない女たち全員が最低限の金に不自由をしていないとも限らない。十年以上服役している年齢不詳の女性を診察した。鼠径部から両腿の半分まで広がる大きな真菌症を患っていた。抗真菌のクリームを処方し、患部をよく乾かすように指示した。

「無理です、先生。下穿きが一枚しかありませんから。洗って、絞って、また穿くんです」

毎月、すべての女性がトイレットペーパーのロール二個、一〇個入りの生理用ナプキン二箱、化粧石鹸二個、固形石鹸二個、練り歯磨きのチューブ二つを受け取る。そのリスト以外の必需品はすべて本人の負担となる。シャンプー、コンディショナー、ボディクリーム、口紅、エナメル液、女性のケアに不可欠のその他製品は地下の市場で売り買いされる。

マリことマリニウゼイアは刑務所のルンペンプロレタリアートの一人である。北部のファヴェーラ、ピリトゥーバで生まれ、十三歳でクラックと出会った。十四歳の時、年が少し上で自分と同じ常習者の遠縁のマジーニョと出奔した。二人は、当時、エウヴェチア通りとヂーノ・ブエーノ小路あたりに現れたばかりのクラコランヂアに行き着いた。三年後、マジーニョは、慈善病院の救急医の情報によれば「肺炎で衰弱死」した。

ルス駅とジョゼ・ピニェイロ通りの辺りの通行人からのひったくりや、店での万引きの相棒がいなくなったマリは売春を始めた。

ある日、クラコランヂアに手入れの行き届いた金髪の娘が現れた。毎日、午後になるとやって来て彼らと一緒に一服した。リュックの中に大学の教科書を携えていた。毎日、日が暮れる前に姿を消したことからシンデレラの仇名がついた。

いつもドラッグを現金で買うので歓迎され、売人たちも彼女を保護した。

「あんたはただの客じゃない。上得意さ」

しばらくすると彼女の両親は、金の無心ばかりで苛々と落ち着かない娘を不審に思い小遣いを与えるのを止めた。シンデレラは売人から借金をするようになった。売人の一人に家族から金を搾り取るのに偽装誘拐をしたらどうかと誘われた。彼女は受け入れた。

その晩、家に戻らず近くの小さなホテルで過ごすことになった。仲の良かったマリが付き添った。

午前中、両親は一本の電話を受け取った。男の声で、娘を探しても無駄だ警察には知らせるな身代金については後で電話すると伝えられた。翌日の電話で、誘拐犯は生きて娘を帰してほしければ八〇万レアルを渡すようにと要求すると返事を待たずに電話を切った。シンデレラとマリはホテルに籠り続け、サンドイッチに清涼飲料水、「神経を落ち着かせるため」数個のクラック数個が差し入れられた。

翌晩、三度目の連絡の際、父親は一人娘がいなくなったことに動転していて判断ができないと訴え、携帯を弟に渡した。

実際のところ、シンデレラには父方のおばは二人いたが、おじは一人もいなかった。電話口に現れたのは交渉役の誘拐専門捜査官だった。

マリと二人の売人は偽装監禁の現行犯で逮捕された。警察署でシンデレラは自身の関与を否定した。目に涙を浮かべて大学に行く途中に誘拐されたと主張した。警察はこの作り話を信じはしなかったものの、両親は喜びマリの有罪が立証された。マリは八年の拘禁刑を受けた。

刑務所でもコカインを止められない彼女は髪はくしゃくしゃズボンは紐で縛り付けシャツは洗いすぎてよれよれであった。アフリカ系の血を引く彼女には鎌状赤血球症の持病があった。赤血球が鎌状に変形する遺伝性の貧血症で繰り返し関節の痛みを引き起こした。診察に来るたび「ミオジョ〔明星に由来。インスタントラーメンの代名詞〕」の処方を求めた。

最初は奇妙に思った。彼女は無邪気に説明した。

「ムショの食べ物にはうんざりなの。先生、処方箋がなけりゃミオジョは門を通り抜けられないのよ」

当局が麺類のような無害な食品の持ち込みを禁止するのは解せなかったが、特に悪いことではないと判断し彼女の要求どおり二〇袋を処方した。

二度目は三〇袋、三度目は四〇袋を要求した。五〇袋になった時には疑わざるを得なかった。ヴァウデマールのところに尋ねに行った。

「スーパーじゃ一レアルかそこらのミオジョ一袋がここじゃ二〇レアルで売れるんだ」

一九八〇年代のカランヂルの所長ルイザヴォンの教えを思い出した。

「先生、自分が賢いなんて思いこんじゃ駄目だ。奴らは簡単に俺たちを出し抜いちまう」

現金の所持は法律により禁止されているため煙草が刑務所で流通する通貨である。現金所持が見つかれば、押収の上、懲戒房で三十日間過ごさねばならず、さらに記録カードを汚し法的な恩恵を受けるのも遅れてしまう。

女性刑務所の公式銘柄は大衆的なデルビで、二〇一七年初めで一箱七レアル（その二年前は五レアル）である。

値段の変動は外的要因と結びついている。国家が好況を享受し失業率が低ければ家族はたくさんの煙草を差し入れる。供給の増加が刑務所内部の市場価格を押し下げる。二〇一六、二〇一七年のような不況で失業率の高い時期は反対の現象が起き一箱の価値が上がる。

資金がないのにこの悪習を維持したい喫煙者に残された方法は、より経済状況のいい者から吸い殻を譲り受けて、それから作ったシケモクを吸うことである。

パラグアイから密輸されたエイトやミニステルの銘柄の煙草は、通常、デルビの半値で売られていた。私にはうかがい知れぬ理由でコマンドはサンパウロの刑務所にパラグアイ製の煙草を持ち込むことを禁じた。

デルビは基軸通貨と認められているので、一箱で次の商品を買うことができる。トイレットペーパー四巻、ビスケットとスナック菓子一セット、化粧石鹸二個、シャンプー一瓶、コンディショナー一瓶である。

粉石鹸一箱はデルビ二箱、清涼飲料水一缶もデルビ二箱。三十日間の服の洗濯がデルビ一〇箱（一カートン、もしくは七〇レアル）、一キロのピラォン（コーヒー）も同じ値段である。オリーブオイル一缶はデルビ七箱もしくは現金五〇レアルで売られる。

贅沢品の値段は天井知らずだ。ボチカーリオ・ブランドの香水マウベッキは一瓶四〇〇レアル、同じブランドのオイルは一瓶一二〇レアル。ナトゥーラ社の石鹸は五個一箱で煙草六箱か四〇レアルである。

闇で売買される違法商品の値段も、あまねく存在する需給の法則と正門を通過する難易度に従って変動する。

二〇一七年初めの実質価格はコカイン一グラムが四〇レアルかデルビ六箱で、塀の外の価格の四倍である。マリファナ〇・五グラムを示す「飴玉」一個がデルビ一箱、ネットが使える携帯電話が三五〇〇レアル、ギャラクシーのトップモデルが五〇〇〇レアル、携帯のチップが五〇レアル、充電器五〇〇レアル、プライバシーが保たれるイヤフォンは二五〇レアルである。

少額の支払いは煙草で行われるが、高額の場合は信用のおける知人か親類の口座に家族が代理で振り込むことになっている。

刑務官

棟内部の門を監視する刑務官たちは若い女性である。男性がいるのは規律部の本部、配送用のトラックの通る巨大な正門、各棟へ続く中央のガレリーアの入り口に続く門とガイオーラだけである。房と房の間を走る内部のガレリーアには一人もいない。

女性刑務所の所長を歴任したマリーア・ダ・ペーニャ氏は理由を説明する。

「男の職員は混乱を避けるために房に近づくことを禁じられているのです。嘘の告発で被害者になることがありますから」

女性看守たちはジーンズに「行刑局」のエンブレムの付いた黒のポロシャツを着ている。それが制服なのだ。寒い日には各々の好みの防寒具を羽織る。

内部の人の流れ——修繕の担当者、食事を配達する者、ゴミの収集をする者、診察や法務相談に向かう者、ジュンボの入った袋を配達する者――をコントロールするのが彼女たちの務めである。長さ一パームの鍵で日に何百回も門を開け閉めする。

囚人たちは棟のガイオーラを通過する前に空港にあるような携帯用の金属探知機で検査される。今はナイフ類の所持がコマンドの命令により禁じられているので、この検査は携帯電話やドラッグその他の禁制品の検知を目的としている。

勤務は十二時間の当直制である。房ごとの点呼が済んだ七時から日勤が始まり、二度目の点呼後の十九時に夜勤が始まる。当直の交代前に、その班の職員は囚人の数を確認し脱走者がいないことを確認してようやく帰途に就く。

十一年間この刑務所で診察をしているが、私が耳にした唯一の脱走はマリーア・ド・ポのケースだけだ。私が着任する六カ月前の二〇〇六年二月の暴動時にそれは起こった。

警察はサンパウロの二〇のファヴェーラでの密売を統率しているのは彼女だと見当を付けており、その統率力に対しコマンドの最高幹部の名を借りて「スカートを履いたマルコーラ」の異名を与えた。

一九九九年、四十五歳のマリーア・ド・ポは、インダイアトゥーバ市で押収され六日間カンピーナスの法医学研究所内で民警の管理下にあった三四〇キロのコカインを奪い返すというミステリーに関与し、犯罪記事でその名を轟かせた。州全域に及ぶ警察の捜索の結果、サンパウロと沿岸部を結ぶトラバリャドーレス自動車道における映画さながらの銃撃戦の末、マリーアは足を撃たれて逮捕された。刑務所送りになったものの彼女が収容されたのはごくわずかな期間だった。ほぼ二〇〇年の拘禁刑を受けた二十八歳の相棒タトーナと一緒に彼女は棟の塗装を担当する三五人の囚人のグループに紛れ込んだ。ある木曜日の白昼、二人は四つの門を通り抜けて正門から脱走した。

ある男性職員が八万レアルで買収され正門からの二人の脱走に協力したとの嫌疑がかかった。電話の盗聴によればその男に実際に支払われたのは約束の金額よりも少ない五万レアルだった。

マリーア・ド・ポとタトーナは悪党たちの人気と尊敬を集めた。その脱獄は刑務所内の仲間だけでなく州の様々な地方の男性と女性の刑務所双方で囚人たちにより祝福された。ＰＣＣへの賛歌や叫び声、拍手喝采が響き渡った。

タトーナは二〇〇九年に再び逮捕されたが、理由は不明であるがコマンドと袂を分かったようだ。マリーア・ド・ポは十年以上潜伏しており、サンパウロの最重要指名手配犯一〇人に女性で唯一名を連ねている。逮捕につながる情報の提供者には五〇〇〇レアルの賞金が授与される。

刑務官の採用は必ず公募で行われる。その多くが刑務官の経験者の親戚である。大多数が就職の機会の少ない小さな町の出身者で、地元の刑務所に職を求めて応募する。しかし割り当てられる赴任先は職員の出入りの激しい州都であることが多い。

この職にこだわる人は、家族と離れ地元の刑務所の空席を待つ以外の選択肢はないが、異動には何年も要することがある。職場近くにアパートを借り家賃や生活費をシェアするため四、五人のグループを作る。

一日ごとに十二時間連続で働くという勤務形態であるが、同僚の当番を引き受けて連日仕事をする者もいる。その後、五日もしくは六日間の休みが保証され、その間、遠く離れた実家に帰ることができるからだ。

サンパウロ市から半径二〇〇キロ程度のところに住む者の多くは、一日おきにバスで行き帰りして家族との同居を続ける。その交通費は州都で住居を維持する費用よりも割安だという。他方、サンパウロ市から五〇〇キロ以上離れたプレジデンチ・ヴェンセスラウやプレジデンチ・エピターシオのような州の西の端の町の出身者は、バスの運賃が三〇〇レアル以上するため帰省は月に一回に限られる。

家族と離れて暮らす影響は決して小さなものではない。ホームシック、都会の喧騒や治安の悪さ、その匿名性に耐えられず辞職する者も少なくない。気が進まないながら、その収入を諦めきれない者はゲットーに住んでいるかのように仕事と職場を往復するのみ。娯楽は携帯とテレビとインターネットだけである。子どもを夫か祖父母に預けざるを得ない母親や地元に恋人を残した者の苦しみはさらに大きい。

その一方で、両親や夫、田舎の窮屈な社会から解放されて大都会での自由な生活を楽しむ者もいる。サンパウロでは自分自身の生活を送ることができる。好きな格好をして誰に気兼ねなく出かけられる。仲間と一緒にクラブに通い新たな出会いを楽しむこともできる。

別の地平が開けることで、以前の生活様式に不具合を来したり、愛情の不一致や家族関係の断絶を引き起こしたりすることもある。確固たる恋愛や結婚でなければその距離に耐えることはできない。

そのような変化に加えて囚人たちの世界がもたらすさらなる影響がある。

家族の保護や全員が知り合いの安全なコミュニティの下で育った娘が、売人、泥棒、転売詐欺犯、強盗、プロの殺し屋の中に放り込まれる。門のところで目を白黒させているその姿を見ればその職員が新入りであることは一目瞭然である。職員を充当しなければならない緊急性ゆえに研修の時間は少ない。仕事のルーティーンは古参の同僚から教えてもらう。

規律部長だったエロイーザ・ヂ・アゼヴェードは、そのような刑務官の準備研修で講師をしていた。

「今でこそ良くなっているけれど、女性刑務所の開設当初の刑務官はたった三回の実地研修しか受けられなかった」

エロイーザは一九九〇年に刑務官の採用試験を受けた。彼女のキャリアはその職業につきものの異動の実例である。それぞれが何百キロも離れた州内の様々な刑務所で働くことを余儀なくされた。

最初はサンパウロ市から四五〇キロ西にある男性用のマリーリア拘置所での仕事だった。翌年、マリーリアから二三〇キロ離れたミランドーポリス刑務所に移り、そこで八年間働いた。一九九九年には六七〇キロ離れた海岸沿いのサン・ヴィセンチ刑務所に移った。男性刑務所で十五年働いた後の二〇〇五年十月、女性専用に作り替えられたばかりの州都の刑務所に辿り着き、流浪の生活に終わりを告げた。

そのキャリアの中でもっとも印象的な出来事は二〇〇六年二月に起きた。当時は二棟の夜間の警備主任の職にあった。その頃は経験のある職員が不足していた。

その日の未明四時半ちょうどに「点灯の合図」がなされた。毎日のルーティーンで房の内部の灯が自動的に点き点呼が行われる。囚人はベッドから起き上がりフルネームと登録番号を言わなければならない。

「五時四十分にクリスチーナという囚人から私とターニアが何時に帰宅するかを尋ねられた」

エロイーザはその質問に不審を抱いた。ターニアは一棟の警備主任で二人はサントスに住んでいてオートバイで通勤していた。クリスチーナはどんな関心があって二人の主任の退勤時間を知りたがったのか？　刑務所で働く者は日々その隠された意図に注意を払う。

彼女の予感は、コマンドに属する一人の囚人に施錠されたままの房の小窓から呼びかけられたときに確信に変わった。

「エロイーザさん、あたしたちで牢屋の息の根を止めてやるよ」

実際、空気が重苦しかった。前夜、約二〇〇人の女がタトゥアペの女性刑務所から移送されてきた。彼女たちの私物は検査後に房に返還するとして編入準備室に置いておくように命令を受けた。返してもらえるものだと一晩中待った。

「彼女らには着替える服もなかった。歯ブラシも石鹸も生理用ナプキンも」

エロイーザは当時の最高責任者のペーニャ氏に電話した。

出勤したばかりの日勤の担当者を交えて、所長室で緊急会議が行われた。エロイーザは暴動を避けるために房を施錠したままにしておくことを提案した。

所長補佐の男性職員が囚人たちを閉じ込めたままにするとさらに不満が高まると発言し、警備主任の言葉に耳を貸そうとしなかった。

「暴動を起こそうなどと自分から言う訳がない。考えてもみなさいよ」

二棟の最初の房を開けると房の中の囚人たちは看守の手から鍵の束をひったくりその他の房を開けた。四人の職員を閉じ込め一棟と三棟を支配すると暴動が始まった。

房の扉をたたき壊し看守の詰所の備品や業務上の機材の一切合切を破壊し火を放った。人質を棒きれで攻撃した。傷だらけのターニアをガスボンベに括り付け、パティオで爆発させると脅した。

暴動時の行動規範では、すべての囚人が房から出て設備を破壊し全員が力を合わせてガイオーラの門をこじ開けることになっている。プロテスタントの信者だけが教会の「聖具を守る」ため動員を免除される。

ＧＩＲ（即時介入隊）が招集され各棟の入り口に配置された。司令官は人質の命の危険性を考慮し侵入しないことを選択した。

二棟のガイオーラでエロイーザは、囚人に対しその足元に座っている人質の看守への攻撃を止めるよう説得を続けた。その間にＧＩＲの隊員が近づいてきて機関銃の照準をその囚人に合わせ「殺すぞ」と脅した。

その女はひるまなかった。機関銃を撃つと脅すたびにナイフの柄で血だらけの職員の頭を殴った。エロイーザは隊員に退出を求めて叫んだ。

「今必要なのは落ち着くことよ！　猛り狂っている集団に暴力で対抗するのは逆効果だわ」

暴動は丸一日続いた。食べ物に房内の電気、水を断ち切られた反乱者たちは交渉を求めた。その日の終わりに各棟に看護助手と規律部長が立ち入ることを許可した。

矛を収めたのには別の理由もあった。囚人たちの私物が返還されたことだ。代わりにペーニャ氏は房に戻り施錠を受け入れるよう要求した。

全員が房に戻ったとき、ほぼ丸二日、不眠不休だったエロイーザは責任者に帰宅の許可を求めた。

「少々疲れました」

もう一つの忘れえぬ出来事はその後に起こった。その日、エロイーザは刑務所に移送されてきた囚人たちの受け入れ担当の同僚に呼ばれた。

「エロイーザさん、到着した女たちの中に男が混じってるんですよ」

「男？」

「はい。髭もじゃの」

編入準備室で驚いた。

「髭を生やした男の体があった」

エロイーザはおそるおそる近づいた。

「悪いが服を脱いで確かめさせてもらわなければならない」

「もちろんです、セニョーラ。いつものことですよ」

隣の部屋で目視で確認した生殖器は女性のものであった。ジレンマに陥った。男性用の牢屋に送ることもできない。かと言ってこの「男」をこの刑務所の三つの棟のどこかに収容できるのだろうか？

「最初の週末に訪問者に紛れて脱走することもありうる。誰にも疑われずに」

本局がより警備の厳重な刑務所へ移動させるまでの間、各棟に続く入り口の左側の区域にある編入準備室近くの房に収容することに決まった。

彼に近づこうとする他の囚人たちを阻止するのは容易ではなかった。

「彼がいる区域に監視場所を作らなければならなかった。全員が全員、興味津々で髭が生えたレズビアンに近づきたくってたまらなかった。どれだけ懇願されたことか。果ては職員までもが彼に首ったけになった」

その新参者への巡礼の列は、他の囚人から受け入れられない罪を犯した女の囚人を収容する奥地の刑務所への移送命令が届くとようやく途絶えた。エロイーザによれば「結局、彼はある名高い女の囚人と結婚した」とのことだ。

ヴァウデマール・ゴンサウヴェス

一九八九年にカランヂルに着任して以来の知り合いである。彼は所内のスポーツ部を率いていた。その部署は所内のサッカー選手権試合を開催したり河川敷リーグのチームを招待して囚人選抜チームと対戦させたりした。これらはいつ爆発してもおかしくない鍋の圧力を減らすのに欠かすことのできない活動であった。

カランヂルでの仕事は十三年後にカランヂルが消滅するまで続いたが、当初、見知らぬ医者からの六棟のかつて映画館だった講堂に囚人を集めてエイズに関する講演をしたいとの申し入れに対し、当局はなかなか首を縦に振らなかった。一九八〇年代、サンパウロ市郊外で流行していたコカイン注射の常用者たちの間でエイズが猛威を振るっていた。

そのような抵抗には理由があった。元来、刑務所は外部の者を歓迎しない場所である。加えて囚人たちの移動の問題があったからだ。収容されている棟から六棟への移動は通常のルーティーンに混乱を来すだけでなく監視も困難になる。死の宣告が下された者を敵《かたき》の憎しみに晒すことになるからだ。

ヴァウデマールの人望や悪党たちが抱く彼への敬意がなくてはその試みは失敗したことだろう。彼は講演を聴きに行く者たちの階の房を朝八時に開け、その他の房を開ける前に六棟に到着させるという計画を作り上げた。囚人たちが講堂に入場する間、我々はパウリスタ大学から借り受けたスクリーンにポピュラー歌手のビデオクリップを一本か二本映した。その後でエイズに関する啓発ビデオを上映した。その後の質疑応答は、囚人たちの中、私がマイクを握って取り仕切った。参加者の数は二〇〇から三〇〇人だったが時にそれ以上のこともあった。エイズに関する啓発ポスターの優秀作を選ぶコンクールのフィナーレに行われたダンサーで歌手のヒッタ・カデラッキのショーには千人以上が集まった。

刑務所の日常を知る者であれば八時前に悪党どもを起こす仕事が簡単ではないとわかるだろう。服を着替えて朝食を取っている時間に六棟に向かわせなければならない。

その問題もヴァウデマールの提案で解決した。

「みんな窮屈な毎日を送ってる。終わりに少々お下品なビデオでも流せばいいさ。質疑応答が終わればあんたは部屋から出る。医者に対する敬意まで忘れてもらっちゃ困るからな。その後で俺がビデオを流すよ」

「最後のところだけ見に来ようなんて囚人が現れたりはしないのかい?」

「大丈夫だ。プログラムは一つのパッケージなんだ。始まれば俺がドアに鍵をかける。先生が出る時だけ鍵を開け、また閉める」

講演は毎週金曜日に行なわれ、十年以上もの間成功を収めた。エイズの仮面をはぎ感染経路を説明しカランヂル内部でクラックが入り込む前に多用されていたコカイン注射を一掃することができた。一九八九年、私が着任した当時、囚人たちの中のＨＩＶの感染者は一七・三パーセントだったが二〇〇〇年には八・五パーセントに減少した。

カランヂルの消滅は私の心にも大きなダメージを与えたが、あの大きな壁の中で何年も過ごしていたヴァウデマールやその他の職員たちの人生への衝撃は想像に余りある。張り合いを無くしたヴァウデマールは公務員特別休暇を申請した。今は禁酒をしている彼がその当時は酒に溺れた。

休暇が終わると私と彼は今も行っている同じ州立刑務所で同じ診察の仕事を始めた。州立刑務所はカランヂルの後ろに位置し、一九二〇年代に建設されて以来、男性用の刑務所であった。サンパウロの矯正制度内での暴力による争いの時期だった。刺殺、斬首、職員の拉致、牢屋の略奪、暴動。最終的には、州都第一部隊〔ＰＣＣ、コマンドとも呼ばれる〕が覇権を握り、州の刑務所の大半に自分たちの掟を課した。

二〇〇四年、この刑務所が廃止され、女性刑務所への再編が決定すると、ヴァウデマールはサンパウロ大都市圏のＡＢＣパウリスタの一つサン・カエターノ・ド・スウ近くのヴィラ・インデペンデンシア暫定拘置所へ異動となった。私も彼に同行し仕事を再開したが、そこでの現実はまったく異なるものだった。職員に許されるのは、二〇人もの囚人を収容する房の鍵を朝になると開け、日が暮れると閉めることだけだった。当直の残りの仕事はガイオーラ近くのガレリーアで行われた。ガイオーラの向こうは各房へと続く区画に分かれており、それぞれの区画を仕切るのはピロット〔「パイロット」の意〕たちだった。かつてのカランヂルのように職員が囚人の中を歩くことなど考えることもできなかった。

診察にやってくる病人たちも、それぞれの区画のピロットの助手が個人的な基準で選別した。グループの許可なしで囚人は医者に行くことさえできなかった。

プライバシーも何もない中央ガレリーアの隅に据えられた寝台の横の小さなテーブルでほぼ一年間診察した。私は十六年前に始めたこのボランティアの仕事に価値が無くなってしまったと感じるようになった。続けることに何の意味がある？　人が変わるように刑務所も時とともに変わる。

六カ月間、矯正制度から離れた。ヴァウデマールと私が今も続ける二、三週間に一度のバーや居酒屋での旧カランヂルの看守のグループでの集まりがなかったら、私の刑務所の世界との接触は完全に途切れてしまったことだろう。

医師の仕事は忙しく、落ち込む暇もなかったが、何年も慣れ親しんだ社会の底辺の環境と接触がないことに一抹の寂しさを感じていた。

二〇〇六年五月十日、国会調査委員会で働く音声技術者がＰＣＣの弁護士に録音テープを売った。そこに当局が組織の幹部をプレジデンチ・ヴェンセスラウの重警備の刑務所へ移送するとする発言が録音されていた。

その情報は本当であった。翌日、七六五人の囚人が移送され、その中にコマンドのリーダーたちがいた。仕返しは迅速だった。十二日には正体不明の男たちがサンパウロ市東部の警察署を襲撃した。

続く五日間で、警察署、派出所、刑務所に対するそのようなテロ行為が三〇〇近く起こった。さらには銀行の支店での略奪やバスの放火も。わずか三日間でサンパウロの刑務所で少なくとも八十の暴動が起こり、何百人かが人質になり多数の死者も出た。攻撃は州奥地の都市へも広がった。

十二日、驚いたサンパウロ市民は仕事や学校から帰宅を急ぎ巨大な渋滞が発生した。その晩、私は中心街の通りを歩いた。高速で走り抜ける警察車両がなければゴーストタウンだと思っただろう。

公式のデータによれば五九人の警官に幾人かのその家族、刑務官、消防隊員までも殺された。私もカランヂルの元職員の友人夫婦を亡くした。定年間際の彼はヴィラ・マリーアの二人が所有する小さなバーのカウンターの向こう側で殺された。ただ刑務官であったという理由で。

報復は即座にそして容赦なく行われた。続く十日間、顔をフードで隠した者たちが反撃を行った。公式の計算では五〇五人の民間人が命を失ったが、うち何人が警察による指名手配者か容疑者だったかの推計も存在しない。

知事は刑務局長を更迭すべしと判断した。この決定によりカランヂル時代からの仲間の経験豊かなプロたちが同局の幹部になった。

彼らから女性刑務所を手伝うように頼まれた。同局が管理を委託していたNGOとの契約が決裂して以来、同所には医者がいなかったのだ。こちらからは助手としてヴァウデマールをヴィラ・インデペンデンシア暫定拘置所から異動させて欲しいと願い出た。

私より少し若い彼の姿は一度見たら忘れることができない。父親は黒人だが肌の色はそこまで黒くない。髪は短いが白い髭は胸まで伸びている。開いたシャツの胸元には銀の鎖が見え、聖人やらガラクタやらお守りだかがぶら下がっている。その外見から爺さん、サンタクロース、ビンラディンの異名を持つ。化石のような男やもめで、その人生は常に囚人の中にあった。塀の外ではアイデンティティさえ失ってしまったかのような印象を受ける。

誰かが彼に信じられないような事件を話す。彼は無邪気な顔で話し手の目を見つめる。あたかもその話を心の底から信じているように。突然、目を光らせ口の端に笑みを浮かべると彼は話を脱構築化するコメントを発する。

お偉方とは縁がなかったが、その一人一人のパーソナリティーや行動様式を正確に描写する能力を持つ。仲間の中に物知り顔でわかったような話をする者がいればまじめな口ぶりで茶々を入れる。自己陶酔をからかわずにはおれないのである。

我々のバーのテーブルの集まりでは、不規則発言を連発する日もあるが、つらい一日の後は怒りを表すことも声を荒げることもせずすっと立ち上がると何も言わずに出て行ってしまう。私たちは誰一人彼に腹を立てたりしない。グループの結束が維持できるのは彼のお陰だからだ。一人一人に次の集まりの日時と場所を電話で知らせる。忘年会もそうだ。責任感と若々しい熱意でもって企画する。

経験豊かなヴァウデマールは女性刑務所への着任にも特別な気負いを見せなかった。数日のうちに各棟に続く鉄格子の前のガレリーアに診察室を作り、カルテを整理し、薬局への処方箋の受け渡し、処方された薬の各房への配達の手配を整えた。

診察初日、私は、彼が受付の手続きを助けてくれる囚人にあいさつする際、頬にキスをするのを見とがめた。よくないことが起こる予感がしたのだ。

「キスはよくないぞ。お前が悪党たちと仲良くしてるなんて変な噂が立ちかねない。職員たちに誤解されてもいいのか？」

刑務所での出来事や生活に関して何度も私に助言をし指針を示してくれた彼はこう答えた。

「家族や友達や世話になる女にはキスをするのさ。ムショの中だからって変えやしないさ」

「ことが起きてからじゃ遅いぞ。聞く耳など持たないだろうがな」
二、三週間後、私たちの助手のエロアが棟を支配するPCCの「姉妹」に呼び出された。エロアは誘拐とドラッグの密売で十年以上の刑を受けている。「コマンドの牢屋で警察とキスをする恥知らずな行為」を問題視されたのだ。
次の月曜日の朝、私が着いたその時にヴァウデマール本人からその話を聞いた。最後の患者を診察した後でエロアと話をした。

「やっかいなことに巻き込まれちまった。あたしのことが『塔』に報告されて今夜裁かれることになったんだ」

「塔」での裁判は、携帯電話を使い州の刑務所に収監中のコマンドの男たちの合議で行われる。彼らの元へと送られる案件は正式な裁判のように証人、弁護人、告発人により討議され、情状酌量や軽減事由が考慮される。娑婆と違っているのは判決には上訴はなく刑が即座に執行されることだ。

「エロア、彼らは私のことを知っている。私から書面で君が病気の仲間たちを助けてくれていると説明しようか？　こんなどうでもいいことで君を罰するなんてのは間違ってる。しかもヴァウデマールさんはカランヂル時代からみんなの知り合いで尊敬されてる職員なんだし」

彼女は感謝したけれども助けは必要ないと答えた。

「何年もこの世界にいてシャバじゃちょっとは知られてるんだ。身の処し方ぐらい知ってるよ」

深刻なことは何も起こらなかった。彼女は「保健部門」で働くのを止めるように命令されただけで終わった。

ヴァウデマールのほうは？

「お前は職員がどうとかこうとか言ってたが思わぬところから厄介ごとはやってきたもんだな」

その日以後もヴァウデマールは親し気に挨拶に来る職員たちにキスし続けた。だが囚人の女にはキス一つするのも冗談では済まないのである。

時計

囚人から敬意を得る最良の方法は彼らの中に身を置くことであるとカランヂルで学んだ。各棟の全員が訪れる地上階のガレリーアでほぼすべての診察を行った。

カランヂルの最後の何年間かは他の刑務所への移送を要求するのに短刀やナイフで看守を人質に取ることが横行した。移送の動機は自分たちを殺そうとしている敵《かたき》から身を隠すことだった。

人質となった職員は、州の刑務所の調整係が要求に応じるまで命の危険に晒され続けた。いったん人質になれば、首謀者たちが正門前に駐車する護送車に乗り込むまで首筋にナイフの切っ先を突きつけられたままとなる。

交渉には時間がかかる。人質になった経験の有無にかかわらず誰もが苦しむ。初めて体験した者の中には、後に精神科医が心的外傷性ストレス障害と診断する症状を呈したり辞職したりする者もいた。

五棟の最上階に設けられた安全区域である「黄色」の状況はとくに悲惨であった。そこにいる囚人たちは敵《かたき》からの仕返しを避けるため一日二十四時間、閉じ込められたままだった。その環境はこれ以上ないほど閉鎖的であった。ガレリーアの電球は焼き切れていて六平方メートルの房に七、八人の男が詰め込まれている。言うまでもなくゴキブリ、ダニ、ノミ、ネズミ、南京虫が跋扈しており、皮膚病が蔓延し囚人たちは全身をかきむしった。そんな房からはせき込む音が途絶えたこともなかった。

安全房にいるのは借金が返せなくなったクラック常用者、密告屋、レイプ魔、仲間の取り分を撥ねた泥棒、所内にいる囚人の身内を殺したかその女を寝取ったかした者たちである。自ら望んでそこに身を置き危険のない別の牢屋への移送を待っていた。とは言え、刑務所はどこも慢性的な過密状態にあり容易にその希望は受け入れられなかった。多くの者が一年以上もの間その状況に置かれ続けた。

安全房の住人に治療を施すのは容易ではなかった。死に脅かされる囚人を五棟から診察室のある四棟に移動させなければならなかったからだ。無事に移動させる唯一の方法は二、三人の職員に護送させることであるが、いつもそれが可能というわけではなかった。

私が彼らの元へ赴くのが一番合理的だった。所長にそう提案すると彼は率直に答えた。

「それは大きな問題の解決になるだろうが先生の身の安全までは保証できませんよ。奴らがあそこから出る唯一のチャンスは誰かを人質にとる以外ないのだから」

何年もの間「黄色」で診察を行った。総合病院を引退した看護助手で今は亡きパウロ・プレットを伴って。パウロはシリア・レバノン病院の救急救命センターの有名人で、七年もの間、刑務所の診察をボランティアで手伝ってくれた。何時間も閉じ込められて——パウロの言葉を借りれば「神様と一緒に」

——過ごした。鍵の束を持った囚人が鍵を開け閉めする度にやってくる囚人を空っぽの部屋で次々に応対した。六、七時間で五十人以上を診察した。夜になって仕事が終わると地上階にいる職員に向かって「出してくれ」と二人で叫んだ。

怖いと感じたことは一度もなかった。囚人たちの誰一人、厚意で仕事をしてくれる医者を傷つけようとはしなかった。長大な犯歴を持つ強盗で十五年間も八棟にいる囚人のペルナンブーコが断言した。彼は仲間の信任が厚く所内のサッカー選手権の決勝でいつも笛を吹いていた。

「ムショで先生やパウロさんに何かしでかそうっていうような気狂いは、誰も生かしちゃおかねえよ」

女性刑務所の一棟の入り口のガイオーラの前の部屋で何カ月間か診察した後で、ヴァウデマールと私はそれぞれの棟の房に作った仮設の診察室で応対するようにした。ヴァウデマールは戸口に置かれたテーブルの前に座りカルテを手に到着順に患者を呼ぶ。私は房に椅子を二脚——一つは私でもう一つは患者用——を置き、寝台を準備した。寝台と言っても、段ベッドの上側のコンクリートの板で、そこにスポンジのマットレスを敷き、使い捨ての紙を広げただけである。台の上にあるのは聴診器、血圧計、所内の手続きのために記入する必要のある書類の束。

三棟で診察を始めた初日に「ジェッチ」と呼ばれる刑務所全体のリーダーが私のところにやってきた。

「仲間を代表して先生のご厚意に感謝しに参りました。先生がいらっしゃる今日だけの話ではありません。先生とお連れの方には自由にこの牢内を出入りしていただけますことを保証いたします。ご心配なさることは何一つありません」

事実、私もサンタ・ジョアーナ産科医院の院長のアントーニオ・アマーロ医師も失礼な扱いを受けたことは一度もなかった。同医師はほぼ五年間、毎週ボランティアの診察に加わってくれた。

二十八年間の刑務所でのボランティアの間、数多くの同僚をこの仕事に誘ってきた。引き受けてくれたごくわずかな人たちも牢屋に何回も通わないうちに止めてしまった。例外がアントーニオ・アマーロ医師で、毎週月曜日の午前中に囚人の診察をするという約束をきっちりと果たしてくれた。サンパウロの最大の産院の運営のためどうしても避けられない日を除いて。

当然のことながら、予測不能な暴動が起きた際には、その性質上、誰も無関係ではおられない。しかし日常においては東京の街よりも牢屋の中のほうが安全だと感じるほどだった。

私は携帯を時計代わりに使っている。携帯の持ち込みは禁じられているので、診察した患者の到着時刻と退出時刻を証明書に記入する際は外にいるヴァウデマールに尋ねてもらっていた。

ある日、診察室の台の上に金張りの懐中時計が置いてあった。ヴァウデマールの父親の形見だった。そのような大事な物を牢屋に置いておくのは危険であると思ったがヴァウデマールは引き出しの奥にしまっておくよりも使ってもらえるほうが父の時計も喜ぶと言った。

何カ月か後、彼の部屋の棚の中に時計が置いてあるのを見た。棚に鍵をかけるのは一日が終わる時だけである。危ないと思った。その部屋は中央のガレリーアの各棟への入り口の前で誰もが通る場所にある。しかも牢内で誰もが使える唯一の体重計が置いてあり体重を気に掛けている者なら誰もが立ち寄る部屋でもある。

その危険性を指摘しても彼は「大丈夫だろう」と答えた。もやもやした気分を感じながらも頑固な彼に意見するのは時間の無駄だとわかっていた。

予感は的中した。時計がなくなった。私はその時計があたかも自分の父の形見であるかのようにショックを受けた。

「心配するな。戻ってくるから」彼は静かに答えた。

私は再びあのもやもやした不愉快な気分に襲われたが間違っていたのは私のほうだった。次の月曜日、入り口のパティオを横切っている時、マウリシオ氏が一階の本部の窓に現れた。

「ヴァウデマールに伝えてくれないか。時計が戻ってきたって。私の手元にある」

二年以上たった今でも診察中の患者が台の上の書類の間にその時計を見つけると尋ねてくる。「それがあの騒動の主なの？」

誰が盗んだかはまだ謎のままだが、返したのは自責の念に駆られてのことではないのは確かだ。男のような見かけで産毛のように生やした髭を丹念に手入れする囚人のヘジナォンが言うように。

「自分だったらと思うとぞっとする。きっといたたまれなくなったんだろうよ」

コマンド

一九九〇年代初め、ＰＣＣ設立の萌芽を目にした。カランヂル、延いてはサンパウロの矯正制度内全体の権力の座を巡って野望を抱いたグループの間の残虐な抗争が頻発した。

一九九四年か一九九五年のとある月曜日、診療所に三十以上の刺し傷を負った若者の死体が持ち込まれた。私は訝しんだ。当時、日常的であった攻撃の残虐さのことではない。首の左側の筋肉組織を上から下に抉る深い傷に関してだ。頭蓋の底と気管を顕にするこの傷は明らかに体が動かなくなった後で切り付けられたものだった。

疑問を呈すると隣の職員が説明してくれた。

「ＰＣＣの仕業です。奴らはこれからますます厄介な存在になりますよ」

その組織は、一九九三年八月、世に聞こえたピラニャオン〔「大きなピラニア」の意〕ことタウバテ拘置所の付属施設に収監されていた八人の囚人により設立された。そこは当時もっとも厳格な警備体制が敷かれ、危険極まりない悪党や刑務所内での暴動を引き起こした首謀者たちが送り込まれていた。

当時の付属施設はカランヂルで一緒に働いたことがあるジョゼ・イズマエル・ペドローザ氏が所長を務めていた（その後、彼はタブアテの市中で暗殺された）。そこは半端なく恐ろしい場所であった。日夜、煌々と灯りがともるガレリーア沿いに配置された房に囚人は一日二十三時間幽閉された。房の中は、寝台、サイドテーブル代わりの小箱、シャワーの付いた水道管、便器しかなかった。囚人は自分で便器の水を流すことさえできなかった。一日の決まった時間に職員が現れ、房の外にあるボタンを押して水を流した。囚人にはテレビを見たり、ラジオを聴いたり新聞や雑誌を読んだりする自由もなかった。認められているのは聖書を読むことと内部のパティオで決められた時間に行われる日光浴だけだった。日光浴のために房を出入りする際には、身ぐるみはがされ看守によって所持品の検査が行われた。残り二十三時間は房の中で一人取り残された。

ガレリーアを横切った時、ある囚人が私の名を叫んだ。そこから立て続けに何人もの訴えが始まった。房の小窓越しに不満を語り生活状況を見せようとした。私は立ち去ることもままならなかった。

一九九三年、ピラニャオンのスポーツ用コートで独房から出たばかりの囚人たちがサッカーの試合を行った。その後、彼ら八人は自分たちのチームを「州都部隊」と名付けた。

その同じグループが「犯罪者党」を結成し、その後「州都第一部隊」と改名した。組織の目的は「サンパウロの矯正制度内の抑圧の根絶」ならびに一九九二年十月二日に起こった「カランヂル大虐殺事件の一一一人の被害者の復讐」を果たすことと明記された。この出来事は国際的な反響を呼び起こし、規律を破壊しサンパウロの刑務所内の州の統制を困難にすることとなった。

　コマンドは一五、三、三の数字をその隠語とした。それぞれの数字がP、C、Cのアルファベットの文字の順番を示している。組織のロゴマークには中国の陰陽のシンボルが採用された。そこには「知恵をもって善悪を均衡させる」有り様が示されている。メンバーたちは「誤った人生の中の正しい側」に属すると誓った。

　結成後の何年間かは過激化した組織のリーダーたちに率いられ、州や敵対組織に武力をもって対峙することを厭わなかった。その後彼らは除名され、告発された後、粛清された。

　カランヂルの虐殺から十年後の二〇〇二年、「穏健派」が幹部となり、現在ではサンパウロのすべての女性刑務所と男性刑務所の九〇パーセント以上をその支配下に置いている。サンパウロの検察庁の調べでは、組織は連邦の全二十七州に加え、パラグアイ、ボリビア、コロンビア、アルゼンチン、ペルーに支部を有している。

　国内のドラッグ密売の支配権を巡り、アマゾナスとホライマでは「北部一家」と、リオ・グランデ・ド・ノルテでは「犯罪シンジケート」と抗争を繰り広げた。二〇一六年の終わりと二〇一七年の初めに対立がエスカレートし、斬首や死体の八つ裂きなどの蛮行が横行し世間を震え上がらせた。

　権力はピラミッド型のヒエラルキーを通じて行使される。最高権力者の下に七人のメンバーからなる執行部が置かれ、それぞれが決められた役割を担う。ドラッグ密売の管理、行動計画、武器の保管、資金洗浄、利益の分配、弁護士――「ネクタイたち」と呼ばれる――との契約、囚人とその家族への支援を行う。支援には活動中のコミュニティにおける福祉、コマンドの規律の徹底、規律違反や横領ならびに裏切りに対する裁判と処罰が含まれる。

コマンドの幹部は犯罪の世界で傑出したキャリアを持つプロたちで形成されている。全員が州都から五〇〇キロ以上離れた刑務所――プレジデンチ・ベルナルデス刑務所更生センターやプレジデンチ・ヴェンセスラウ刑務所など――で長期刑に服している。

公式の推計によればこの組織を維持する豊かな財源の八〇パーセントは薬物の不法売買の利益を原資としている。残り二〇パーセントは近隣の国々から輸入した武器の販売や賃貸の代金、強盗、囚人たちによる自動車、オートバイ、家を賞品としたくじの販売の上がりや構成員からの上納金から成る。近郊の様々なコミュニティにおいて、州の存在感が希薄な中で組織は支援活動をすると同時に自分たちの掟を厳格に課すなどその影響力は強まっている。

コマンドの構成員になるためには、組織に属する三人の推薦者から「適格者」であるという証言を必要とする。次に上位者たちが該当者の品行証明書を「ググって」過去において犯罪者の世界の規範から外れた「犯歴」がないかを確認しその上で受け入れられる。ホモセクシャルは男でも女でも受け入れられない。強姦された者はその犯人を――できるだけ残酷無比な方法で――殺すことではじめて受け入れられる。

洗礼後、代父たちは代子の組織における行動の責任を負う。全員が「兄弟」「姉妹」として扱われる。構成員はプレジデンチ・ベルナルデスの幹部によって定められた一六条の規則の完全なる遵守が求められる。その一つは次のように記されている。「組織は嘘、裏切り、妬み、強欲、誹謗、利己主義、個人的利益を認めないが、真実、忠誠心、勇気、結束、全員の幸せのための共通利益は認める。なぜならわれらは、『一人は全員のために、全員は一人のために』存在するからである」。

規則に対する犬のような忠誠と下された命令に対する絶対的な服従が要求される。福祉のことであろうと手続のことであろうと強盗だろうとドラッグの売買だろうと敵の抹殺であろうと。裏切り、密告、組織の公金の横領、強姦その他の重大な違反は、幹部のメンバーたちによって裁かれる。彼らだけが死刑の命令を下す権限を持っている。弁護と告発の証言を聞いた後、すぐに刑が執行される。時効はない。違反した者は犯した罪をいかなる場合でも贖うことになる。本人が見つからなければ家族の誰かが罰せられる。

刑務所の「兄弟たち」には月五〇から六〇レアルの上納金が課される。釈放されると三十日の猶予期間が与えられ、その間、コマンドから「生活を整える」ための貸付け（利子付き）がなされ武器まで供与される。その三十日が過ぎると上納金を納めなければならない。上納金は一〇〇〇レアルまで上がったが、その後、下がり始めた。二〇一七年の初めには六〇〇レアルまで下がった。「兄弟たち」の中でも羽振りのよい者はより多額の協力金を納める。「姉妹たち」は服役中の者も自由の身にある者も月々の上納金が免除される。

「コマンドはあたしたちには、面倒を見なきゃいけない子どもがいるって知ってるのよ」

市中にいる妊娠しているすべての「姉妹」は月額三〇〇レアルの出産補助が受けられる。

刑務所から出ると「兄弟」「姉妹」たちは「退所手続き」をしなければならない。それは居住する地域の責任者にフルネーム、両親の名、自分を引き入れた代父たちの名、入会場所、今後の住所を知らせる手続きであり義務である。地区を移る場合にも同様の手続きが要求される。退所手続きを怠った者は違反者として処罰の対象となる。負債、上納金の滞納、規律違反は「登録上の係争事案」と見なされる。

自身も家族も生活費を稼ぐ手段を持たない囚人たちは日常生活に必要な援助を受ける。その家族は、毎月、生活必需品のバスケットを受け取る。コマンドが提供するバスを使って無料で奥地の刑務所にいる家族を訪問できる。目的地が遠い場合は日帰りでなく現地のホテルやペンションでの宿泊も提供される。

女性刑務所では、「姉妹たち」の手に棟のすべての訴えや軋轢の解決が任されている。時間のすべてがそれに費やされ、彼女たちには自身や家族の生活費を稼ぐ時間がない。そのため二〇一七年現在、コマンドは彼女たちに月額三五〇レアルを支払っている。

コマンドのメンバー以外でも収監期間が長いか訪問してくれる家族のいない囚人は、「飢餓撲滅福祉プログラム」の恩恵を受けることができる。それは「さすらいの連帯」の名目で行われる食品、菓子、ボディークリーム、シャンプーの臨時の援助である。

装甲車や高価な荷を運ぶトラックへの襲撃、銀行強盗、大口取引、重火器のレンタル、その他の儲けの大きな活動については得られた利益の定率分を上納する。

これは戻ることのできない一本道であり組織への加入は「兄弟」「姉妹」にとって人生の終わりまで続く。戦争時の戒厳令下と同様に脱走は死刑に値する。

「除籍」は提示された事情が不可抗力と判断されるか宗教に入信したときにのみ許可される。そのような事態となれば完全に犯罪の世界からの決別が求められる。真っ当に働きあらゆる悪習から足を洗わなければならない。酒も飲めずバーやナイトクラブに行くことも娼婦を買うこともタバコを吸うこともいかなる種類の不法薬物を吸うことも悪党のスラングを使うことも禁じられる。再び逮捕されようものならただでは済まない。

入信した者には無数の目が光る。はみ出した者は逃亡者の誹りを受けその行状は見せしめ罰の対象となる。

女性刑務所のコマンド

コマンドに支配されている他の刑務所と同様に女性刑務所でも組織が定めた規則にはどこまでも絶対服従が求められる。

それぞれの棟の偶数翼と奇数翼で二、三人の「姉妹」がまとめ役に任命される。彼女たちは少なくとも週に一度携帯で伝えられる「お達し」――命令の総体――を完遂する任務を負う。彼女たちが「スカート姿のコマンド」または「ピンク色のコマンド」を成している。

大半の囚人が同性愛者と関わっている牢屋の中で、「姉妹たち」は追放の危険を回避するため何としても異性愛を保たなければならない。

それぞれがいずれかの役割を担っている。一番際立つ任務が「ジェッチ」で三つの棟の一種の最高権力者である。彼女は刑務所内の人間関係のいざこざを収めるだけでなく「娑婆のゴタゴタ」にも対応しなければならない。つまり時に塀の外の被告人の裁判にも参加する。

「規律担当の姉妹」はそれぞれの棟にいて組織の規則だけでなく執行部から課された命令を遵守させる役目を担う。クラックの持ち込みを禁じ、喧嘩を仲裁し、武器の製造、激しい口論、罵り、肉体的暴力や強請を止めさせる。秩序を乱す可能性のあるあらゆる行為や態度を抑え込む。

四十歳前で八人の子持ちのマルセーラはパトリアルカ公園でクラック十五個を所持したかどで捕まった。彼女によれば、「姉妹」以外の者にはほとんど選択肢がないという。

「あたしたちにはどちらかしかないのよ。コマンドのシンパになるかコマンドから逃れるか」

「無線担当の姉妹」はコマンドからの「お達し」を受け取る者である。「お達し」は矯正制度内のコマンドの連絡部門である「全刑務所の無線担当」から携帯で伝えられる。組織が商業的な関心を持つ管区にも自由の身の「無線担当の兄弟たち」が配置されている。それぞれの地区で「娑婆の無線担当」から伝えられた命令を遂行しなければならない。

フランシスカさんは矯正制度の収監歴だけでなく務め上げた二十年以上の間に病歴でも実績を積み上げている。その彼女が立ち去ろうとしない無礼な客に困った姪の問題をどのように解決したかを教えてくれた。

「姪の夫の叔父さんがミナスで強盗にしくじって海岸沿いのサン・セバスチアォンにある夫婦の家に身を隠したの。そこまではいいの。でもその男が出て行こうとしないのよ」

夫婦は男に訴えた。二つの部屋しかない小さな家に子どもが三人。スペースもなければそのような長い間客を泊めるだけの経済状態にもないと。だが何週間経ってもその厄介者は外に出る素振りも見せなければ金銭的援助もしようとしなかった。

姪には頼れる人がいなかったため日曜日の面会で叔母に助けを求めた。

フランシスカさんは言う。コマンドのシンパである「コマンデイラ」は組織には属していないけれど「姉妹たち」とは良好な関係を保ちコマンドの規則を遵守する。

「私の棟の『規律担当の姉妹』に頼んで、シャバの『無線担当の兄弟』に連絡を取ってもらった。そこからサン・セバスチアォンの『規律担当の兄弟』に話が行ったってわけ」

二人の若者が戸口に現れた。姪に対して丁寧にその図々しい男を呼ぶように頼んだ。二人は言った。

「荷物をまとめて出て行きな」

叔父は口答えをした。困っている、行くところもない、どうにかするのにもう何日か必要だなどと。

二人組は正体を現した。

「おい、とぼけてんじゃねえぞ。死にたくなけりゃさっさと失せな」

最後にフランシスカさんは尋ねた。

「先生、警察がこんな揉め事解決してくれたりする?」

この刑務所には各部門の調整を任された「姉妹」がいる。彼女が所内の清掃班、電気班、保健班、司法班、福祉班、園芸班、召喚班、調理班、「牛飼い」、修繕班で働く囚人を指名する。

刑務所の本部は否も応もなくその指名を受け入れる。囚人の誰一人、「姉妹たち」の意に反してまで職を得ようとは思わない。

ただ一つの制限は修繕班の職に就こうとする囚人たちの刑期である。当局は彼女たちの刑期が五年未満であることを要求する。外部との隔たりが入り口の二つの門だけとなる外の空き地での作業となるため重犯の女だと血迷って門に近づきかねない。

各部門に指名されるのに組織とのつながりが要求されることはない。とはいえ、「姉妹たち」は希望者の経歴を調べ上げる。

「その女の過去に何かやばいことがないか確かめる必要がある。裏切り、子どもへの虐待、警察との結婚や恋愛、密告、借金、いろんなことさ。ムショでもシャバでもすべて確かめるのさ」

各部門で働く女たちにはその集団にふさわしい行動が求められる。誰とも口論したりせず仲間や職員に敬意を払い組織が決めた共同生活のルールに背かない。異性愛者であることは絶対条件ではない。

もし不服従や不適切な行動があれば部門の女はその役目から「引っこ抜かれる」。その際、職員には辞職の理由を一身上の都合と説明するが、本当のことは言わない。

「部門の女には三つのことが求められる。信頼できること。後ろ暗くないこと。品行方正なこと」

司法制度

「姉妹たち」は棟の裁判官である。彼女たちが問題解決の権限を有し日々の小さな諍いや対立は係争者により彼女たちのところに持ち込まれる。これは「『意見』のところに行く」と呼ばれ、第一審の裁判所に相当する。

裁判は違反の審議のため「姉妹たち」主導で行われることもあれば他人の態度や行為により傷つけられたと感じた囚人個人もしくは集団の申し出により行われることもある。後者は当事者での解決を図ったがうまく行かなかったケースである。

「これはもう『意見』のところに行くしかないね」こう締めくくられる。

裁判官たちは被告、原告の証言を聞いた上で判決を下す。

他人の犯した違反についての告発を起こした際には、その囚人にはその告発を証明する十五日の期間が与えられる。

「コマンドは証言や証拠に立脚する。期間内に証明できなきゃ作り話の誹りを受けることになる」

看守が犯した専横を「姉妹たち」に告発することは善きことと見なされているが、仲間たちが犯した違反の告発は、「姉妹たち」からは評価され奨励されているものの全囚人を敵に回すことになる。サンパウロ東部のサン・ミゲウ・パウリスタで恋人を奪った敵《かたき》の女をナイフで刺したかどで服役中のジュが要約する。

「こん中じゃ罵ることもぶん殴ることもできない。口をつぐんだまま。コマンドが許さないからね。だけどシャバで会った日にゃ、そいつらは告げ口女と罵られ酷い目に遭うことになるのさ」

最年長者の中にはコマンドが定めた現在の裁判手続きのややこしさに不平を漏らす者もいる。

「昔は誰かが盗みをしたら『意見』のところに行くなんてまどろっこしいことはなし。その場でボコボコにされたもんよ。すべてはそこで解決した。暴力かナイフの切っ先でね。今じゃあたしたちの言葉は何の意味もない。証人が必要なのよ」

過失が証明されるとその囚人を「改悛」させるための警告が精力的に行われる。「姉妹たち」が上層部に送る報告書には問題の解決と仲間の「改悛」が報告される。

過失がより深刻な場合、その事案は秘密の携帯で「塔」へと報告される。そこが第二審の裁判所で、裁判官は別の刑務所の囚人である「兄弟たち」が務める。彼らが双方の当事者と証人の話を聞き、「要旨」の提出に必要な最終判断を下す。

被告は「塔」の審問を受け、被告側ならびに原告側の証人の尋問が行われる。しばしば「塔」は審議のため電話を切ったり電話口から離れたりする。その後で電話口に戻ると新たな質問をしたり全員の意見を求めたりする。外部の人々の意見を聞く必要がある際には無罪か有罪の「要旨」を下す裁判の再開までさらに日時を要する。

有罪の際の罰則は「一五」の刑か安全房への移動のどちらかである。罪を犯した者が「姉妹」であれば譴責、降格、一年もしくは二年間の資格停止、組織追放のどれかが下される。

安全房は軽蔑される者たちの底辺の世界で、そこへの移動はその囚人の人格を貶める。警察の縁者や結婚したり恋愛関係にあったりした者、弱小の組織の悪党たちにつながりのある者、密告した者、分け前を撥ねた者、清算できない借金を負った者、子どもや実の両親を虐待した者、郊外の「堕胎施術者」、コマンドの夫や恋人に不貞を働いた不届きな者、つまり「ゴミ」だの「カス」だのとレッテルを貼られた輩が集う。いったん安全房に収容されると矯正制度のどの施設に行っても仲間の囚人の疑惑の目に晒されることになる。

「一五」とは中程度の過失を犯した者に対して行われる罰である。その決定を下すのは「姉妹たち」ではない。

「人に手を下すかどうかの決定は『塔』が下す。『償い』を命令できるのは『塔』だけなの」

「開会式」の許可が下りると、被告は棟の奥の房へと連れていかれる。そこには三人か四人の制裁人がいて、彼女たちから十五分三十三秒の暴力を受ける。その時間はコマンドのシンボル一五、三、三に由来する。

「姉妹たち」の一人に暴力はきっかりその時間行われるのかどうかを尋ねると彼女は笑って答えた。

「無理よ。そんな長時間殴り続けるって誰ができるのよ」

看守たちや当局に「償い」について不平を漏らすようなことをすれば、哀れその者は密告者と判断されより重い罰を受ける。

長老の一人は木の棒で暴力が行われた時代を覚えている。死者が出たためにその使用は禁じられた。現在「償い」には拳が用いられる。人目に付かないよう攻撃は首から下のみになされる。

「誰も顔は殴らない。顔は女の誇りなのよ」

コマンドの牢屋ならびに娑婆の世界で死刑判決を下すことができるのは最高幹部のみである。いわば彼らが連邦最高裁判所なのだ。「血は血で、命は命で贖う」という掟は忠実に実行される。「兄弟」や「姉妹」を殺した者は死刑を宣せられる。上告の権利はない。「兄弟」を殺した「兄弟」にも死刑が宣せられる。重大極まりない違反を犯した場合、構成員は戦時の軍人に対して行われるのと同様に仲間によって裁かれ追放された後で処刑される。

「義理の姉妹」を蔑ろにしたり夫や恋人が逮捕されるかコマンドのミッションで不在の間に「義理の姉妹」と関係を持ったりした「兄弟」にも厳しい罰が与えられる。

数年前、「姉妹」の一人が性器の写真をアップで撮影し別の刑務所で服役中の仲間の恋人に携帯で送った。任を解かれ資格停止の処分を受けた。

所内の秩序に関してはかつてあまりに日常的だったナイフや首絞めによる処刑は現在では禁止されている。処刑は被告が娑婆に出た後でなされる。カランヂルの頃に用いられていた「ゲータレード」による処刑も今では耳にしなくなった。刑務所で言うゲータレードは、果汁に致死量のコカインを混ぜて作った飲み物のことである。

裏切りや組織の資金の横領のような極端なケースでは、コマンドは処刑を宣せられた囚人を真意を悟られないようにして弁護士を使って釈放を急がせることがある。

牢屋を統治する「姉妹」は上層部により慎重に選択される。組織のリーダーの女や、グループに計り知れない功績をもたらした者、組織の資金について廉潔な行動や正直さで仲間の尊敬を集める者、リーダーシップや人を説得する能力を持ち、ホモセクシャルな関係を持たない者の中から。原則として長期服役する女である。

彼女たちが有する権力や特権に苛立ち反感を持つ古参の女たちもいる。アルベルチーナさんは十八回も刑務所に入り娘たちや孫たちと過ごす時間や自由を三十七年も奪われた。

「あたしたちこそが牢屋の住人で心臓さ。何であいつらが仕切るんだ？　あんな娘っ子が私に指を突っ立ててやって来たら、あたしは言うよ。『引っ込んでな。お前が母親の子宮にいたころからあたしは犯罪の世界にいるんだ』ってね」

「姉妹たち」の生活もバラの海というわけではない。ストレス症候群を呈する女の訴えを聞いたことがある。日に二箱の喫煙で症状は悪化していた。私が運動と禁煙を勧めると、彼女は「無理よ」と言った。

『意見』を訪ねてくる仲間の煙であたしの房は年がら年中燻されてる。一日中混乱が続くのよ。朝八時から施錠の時まで。ほとんどが恋人同士の痴話喧嘩。自分を労わる時間なんか残っちゃいないよ」

ある時、刑務所の所長が多くの犯歴を持つ囚人になぜ「姉妹たち」の命令に従うのか、棟から追い出すのは簡単だろうと尋ねた。

「あたしたちみたいなのが絶対的多数で、追い払いたいってのは少数。外には家族がいるのよ」

支配された刑務所

権力とは決して空白であり続けることのない抽象的な空間である。カランヂルの大虐殺とブラジルにおける犯罪の爆発的増加が州から囚人のコントロールを奪い去った。

一〇人用の房に詰め込まれた二〇人の男たちの動向をどのように監視するのか？　まして定員八〇〇人の刑務所に詰め込まれた二〇〇〇人を。

サンパウロは二〇〇二年、カランヂルを破壊した。辛い思い出だ。定員の二倍の七〇〇〇人もの囚人を管理するのは不可能であると判断したのがその理由であった。

一九九〇年代初め、国全体に九万人もの囚人がおり、その三分の一がサンパウロに集中していた。サンパウロは全国で最も大きく完成された刑務所の制度を有していた。奥地にはよく管理された小規模の刑務所があり、同所の囚人たちはより人間的な状況下にある。それが囚人たちに社会への再統合の一縷の望みを提供していた。

しかし悪名を馳せメディアの注目を集めたのは、カランヂルでの暴動や映画のような脱走劇、職員の汚職、警察の暴力、流血を伴ったグループ間の抗争や九棟への不必要な侵入を命じた統治者の犯罪的かつ信じられないほどの愚かさであった。その結果一一一人が虐殺され世界中をも震撼させた。

そこで当局はあの地獄の存在を終結させ、判決を待つ七〇〇から八〇〇人を収容する暫定拘置所（CDP）を建設し、裁判を終えた囚人を収容する刑務所を奥地に増設するのが適切だと結論した。

当時の調査によれば州内の最大の懸念は都市の暴力であった。市中の治安回復ならびに警官の増員と警察力の強化を求める社会の声が高まった。その結果が拘留件数の急増へとつながりCDPは膨れ上がった。「ピニェイロス大留置所」として知られるCDPの一つは所内の四つの施設で定員の三倍の数を収容している。今や六〇〇〇人以上が拘留され消滅したカランヂルの七つの棟を合わせた人数に迫っている。

私はその「大留置所」ことヴィラ・インデペンデンシア暫定拘置所で一年余り診察をした経験がある。その他のCDPにも足を運んだ。かつてのカランヂルは中庭も広くサッカーグランドもあり刑務所内を歩き回ったり働いたりできた。CDPでは過密の房で何もせずに日々を過ごす。唯一の気晴らしは房の間に押し込められたスポーツコートでボール遊びをすることだけだ。カランヂルに収容される方がどれだけましだろうか。

二〇一五年、サンパウロの警察は一日平均三〇〇人逮捕している。一方、釈放されるのは二七三人。一日あたり差し引き二七人が制度内に増えていく。

カランヂル時代からのキャリアがありブラジルの矯正制度を熟知する州行刑局長のロリヴァウ・ゴメス氏は、同年に行われたあるインタビューで次のように発言した。

「このところ建設されている刑事施設の定員が約八〇〇人であると考えれば結論は明解だ。その需要を満たすのに最低でも月に一つ新たな施設を増やす必要がある。それでも足りないぐらいだ」

二〇一〇年以来、サンパウロ州では二十以上の刑務所が新設された。新たに一万六三〇〇の定員が見込まれた。二〇一六年半ば現在、それらの施設にはすでに二万六八〇〇人以上が収容されている。

違法薬物の撲滅を目指す現行法が施行されたのに加え、暴力行為を伴わない軽犯罪者まで拘留し続ける限り過密収容の問題は解決しないだろう。この現状が刑務所を犯罪の学校へと変えてしまっている。失業、若年層への機会の不足、家族の離散、続発する不況により状況はさらに悪化している。

刑務所の収容人数の増加の主たる原因は二〇〇五年公布の法律によりドラッグ密売が厳罰化されたことにある。それ以前はブラジルの囚人のうち密売の罪で服役していたのは一三パーセントに過ぎなかった。今日、サンパウロの男性刑務所ではその割合が三〇パーセント、女性刑務所は六〇パーセント近くを数える。

密売に関わったブラジル人女性の逮捕は爆発的に増加した。二〇〇〇年と比較すると二〇一四年は五六七パーセント増えている。十四年間で国内の女性刑務所の収容者数は五六〇〇人から三万七〇〇〇人に増加した。

州はこの巨大な問題に手をこまねき超過密刑務所内で権威を示すことができずにいた。所内で覇権を巡る派閥間の抗争が勃発するのは自明の理であった。

私の知る古参の看守たちは「刑務所内に犯罪組織がなかったことなどない」と口を揃える。

「だが他のすべてを制圧するような組織などなかった」

ダーウィニズム的プロセスを経て州都第一部隊が組織力、大胆さ、暴力性、プロフェッショナリズムにおいて他の集団に勝った。現在、サンパウロの刑務所で行使されるその支配力が何らかの形でブラジル全土および違法薬物市場において戦略的に重要な近隣諸国へ広がった。

刑務所内部におけるコマンドの優位性は何をもたらしたのか。私がカランヂルで診察していた時代は、野蛮さが矯正制度内を支配していた。死亡診断を下すため、見当もつかない数の刺殺死体を診療所に受け入れた。刺殺は集団により行われた。処刑したのは猛り狂った敵対者だけでない。ガレリーアに居合わせた者も加わった。ただ悪事に関わるという病的な興奮を得るだけのために。ある死体の検死の際、様々な形状の刺創を数えた。六〇までは数えたが、あとは諦めた。

かつてどこかの棟で発生した死体の検死を頼まれた。診療所に列を成す患者の診察への支障を少なくするため、いつものように四棟まで死体を運ぶよう職員に頼んだ。

「先生、ちょっと無理なんです。ややこしいことになってるんでね」

九棟の地上階に囚人の輪ができていた。静まり返ったその中に刺殺された死体があった。頭が切断され、ゴミを入れる缶の中に放り込まれていた。

棟内の一斉捜索の日、侵入する前に軍警の機動隊がパティオに整列する。棟の付近を通る際には頭上を注意する必要があった。というのも施錠された各階の房にいる男たちがナイフを手放すため窓の外に放り投げたからである。無数のナイフが落下し音を立てた。短刀、ナイフ、大型ナイフ、剣のような大きさのものまで。

清掃班はもっとも数が多い集団で権威はあったものの、保護を受けられない者はあらゆる虐待に苦しんだ。多人数の房に押し込まれ家族がもってきてくれた食品の入ったジュンボも取り上げられ最悪の屈辱である性的搾取や集団強姦に苦しんだ。多くの場合、借金の清算や死を免れるために他人の犯した罪を受け入れた。「ラランジャ〔「オレンジ」の意。他人の罪をかぶる者を指す〕」にはさらに十年か二十年の刑期が加わった。

無害の道具が人を殺す武器へと変わった。刑務所はナイフ工場だった。入ったばかりの者が一番初めに行わねばならないのは武器の調達だった。三十年間、一歩も外に出ることなく服役していたマジェスターヂは一家言を持っていた。

「全員武装するのは武器が存在しないことと同じなんだ」

一九九二年にクラックが刑務所に入ってきた。クラックは壊滅的な力で刑務所内の秩序に大混乱をもたらした。借金を抱えた者はわずかな私物まで売り払った。家族を欺き債権者から逃れるため妻や恋人まで騙してドラッグを隠して持ち込ませようとした。所内の掟では袋叩きの刑となる他人の房での盗みまでも行った。

「『泥棒から盗む泥棒は百年の許しがある』なんていうが俺たちが見つけようもんなら……」

仲間たちに尊敬される銀行強盗までが債務不履行に陥り屈辱の極みであるビンタを食らっているのを見たことがある。「黄色」は負債者たちの安全地域として用いられた翼だがそこに六〇〇人以上が収容された。刑務所の全囚人の約一〇パーセントである。

月曜日は、日曜日の面会で持ってきてもらった金で借金を清算する日で「無法の月曜」のコードネームを有していた。毎週、バンデイランチスＴＶで放映されていた西部劇の影響だろう。とある月曜には四つの異なった棟で殺された四人の刺殺死体を調べたこともあった。

それでも刑務所の古株の一人アントーニオさんは、一九五〇年代や六〇年代と比べれば一九九〇年代のカランヂルはずっと安全だったと言う。

「昔は五、六人集まれば、大暴れしてガレリーアを通る奴らにむやみやたらにナイフを振り回したもんさ。死体はどこにでも転がってたし、強奪や強姦、若い奴は棟に着く前に女のように売り買いされてた。その頃から見りゃ今の『拘置所』なんてお子様の公園みたいなもんだ」

古参の女によれば、かつて女性刑務所でもよく似た搾取があり若い女に対する強姦もあったという。短刀での攻撃や首締め、熱湯による火傷は日常茶飯事だった。一九七〇年代以後、数々の矯正制度に服役してきたフランシスカさんは新参者が味わった辛さを物語る。

「サパタォン〔男装したレズビアン〕が新入りに目を遣ろうものなら、そいつの女がその哀れな新入りの顔をカミソリで傷つけたもんさ。顔に傷のない美人なんていやしない。全部嫉妬さ。男は敵《かたき》を殺すけど、女は違う。敵が苦しむのが見たいんだ」

攻撃や殺人の責任はラランジャが背負った。たいていはドラッグで負債を抱えた女か精神錯乱や精神衰弱の女、犯罪者の掟を破った経歴を持つ女だった。実の犯人を罰しないがためにますます暴力が蔓延ることになった。

コマンドの設立の大義である「サンパウロの刑務所内での抑圧の撲滅」のためには、何よりも暴力で対立を解決する――彼ら流に言えば「落とし前をつける」――のに慣れていた囚人たちの反社会的な行動を止めさせる必要があった。それを果たせずして成功などとても期待できない。

内部の秩序を乱すあらゆることを禁止した。殺人、暴力、ナイフによる攻撃、喧嘩、強奪、性的搾取、激しい口論、罵り、侮辱、とりわけ対立や悲劇の主たる原因であるクラック。戦う相手は当局ならびに矯正制度であり決して仲間の囚人ではないと説得した。

時間が経つにつれPCCはイデオロギーそのものになった。刑務所、ファヴェーラ、郊外の地区にそれを浸透させるのに五、六人の「兄弟」がいれば事足りた。リーダーたちを奥地や他州の刑務所に送り込むという戦略によってその思想が広まり権力を確かにした。

この複雑な仕事を完遂するためリーダーたちは刑務所内の生活において起こりうるあらゆる事象を想定した刑法をどこにも書きつけることなしに定着させた。法律は明快だった。白か黒、裁判は臨機応変で判決も早ければ処刑も早かった。州が及びもつかないレベルで内部に規律を課していった。

旧カランヂル時代、検査でクラックの持ち込みを防げることができるとは到底信じられなかった。クラックが刑務所から駆逐される日が来るなどと想像もしなかった。

買収不能な職員が最も厳格な方法を採用すれば、供給を減らすことぐらいはできたであろうが、クラックの撲滅はサンパウロの市中のクラコランヂアを警察の力で消滅させるのと同じぐらい実現不可能だと思われた。

コマンドはその偉業を大した労もなくやり遂げた。クラックの使用と販売を重罪に分類し重罰に処すと決めただけで十分であった。吸えば罰を受け売れば殺されると。

そのシンプルな法律と問答無用の罰則の適用により女性刑務所はおそらくは世界で最もクラックから

隔離された場所となり依存症の回復センターになっている。

過酷な刑法、「姉妹たち」の権威、絶対的権力を持つ指導者、「お達し」により伝えられる男性の命令に対する盲従、社会行動の厳格な規律が個人の自由を制限しベールに包まれた不満を引き起こすと同時に抑え込んだ。

「ここは独裁国家よ。あいつらが全部決めて反論さえ許さないんだから」

加えて現在の人間関係における物質主義に対する不満もある。

「ここではどういう人かというよりも何を持っているかで判断される。携帯かタバコか中身が詰まったジュンボか売り物のコカインかマリファナか。それがなけゃあたしはゼロかマイナスの価値しかないのさ」

他方で現行の法律では緩すぎる、もっと厳しくしてほしいと願う者もいる。

「昔は議論なんてなかった。パンはパン、チーズはチーズだった。『意見』なんてのが現れて駄目になった。そんなんだから証拠不十分で許される奴がたくさん出るのよ。クズのくせに聖人みたいな顔しやがって」

批判はあるが、コマンド支配の平和な刑務所で服役することの利点は誰もが認めるところだ。

「シャバのほうが油断ならない。何が起こって死ぬかもわからない。ここはイデオロギーに従い行動に気を付けさえすれば平和に生きていられるんだ」

ビビは何度も収監され塀の中で十二年も過ごしている。今の状況とかつて過ごした刑務所で目にした危険を比較する。

「今じゃ牢屋で熟睡できるのよ」

幽閉と暴力

共同生活のスペースが狭まることが暴力的な行動の原因であるとする見解は短絡的かつ誤りである。

この信仰は一九六〇年代人気を博した名高き「行動の檻」に由来する。アメリカの行動心理学者ジョン・カルフーンが「人口過密と社会病理学」と題する論文を発表し、檻の中のネズミを使った実験結果を報告した。檻の中央と四隅に餌場を設け、実験動物は自由に栄養を取ることができた。

檻の中のネズミの数が徐々に増えると、四隅の餌場に自由なスペースがあるにもかかわらず中央の餌場付近に密集が生じた。その数が増すにつれて、中央の特権的な地位を得るために暴力的な争いが生じるようになった。噛みつき、殺傷、性的暴行、共食いといった深刻な攻撃が増えた。

この研究の結論は、当時、大都市に広まりつつあった都市の暴力を説明するのに打って付けだった。

我々でさえ、犯罪の増加により矯正施設に定員以上の囚人を数多く収容することが刑務所内での攻撃や性暴力、暴動、殺人に至る唯一無二の原因だとして、その人口過密の神話に一役買った。

研究所の齧歯類から得られた実験結果を人類に敷衍することに、誰一人、異論を挟むことも反証を提示することもなかった。例えば東京は非常に高い人口密度を有しているが世界で最も安全な街の一つである。一方、サンパウロ、ロサンジェルス、シカゴは広大な面積を有するものの、ずっと高い犯罪率を示している。

またオレゴン地域霊長類研究センターが一九七〇年代に行った研究も考慮していない。その報告によれば、捕獲状態にあったニホンザルが、まさに七十倍広いスペースに放たれた途端、残酷な喧嘩を始めた。

一九八二年、オランダ人のケース・ニーウェンハイゼンとフランス・ドゥ・ヴァールが「行動の檻」の土台を揺るがす最初の研究を発表した。アーネムの野外コロニーに放たれていたチンパンジー――ヒトに最も近い――の集団を、冬の間、ヒーターのある区域に収容した。そこは夏に生活する空間の五パーセントのスペースしかなかった。閉じ込められた動物たちの間には緊張が走り、苛立ちを見せはしたが表立った攻撃性は現れなかった。コロニーに放たれていた暑い時期のほうが個々の特質や相違の調整をしなければならなかった。結果として軋轢の数は倍加した。

一九九〇年代、それらの研究の存在を知った時から私は囚人たちの行動を違った目で観察するようになった。カランヂルの五棟には一六〇〇人の男たちが生活していた。レイプ魔、借金を背負ったクラック常用者、私刑人、密告者、囚人の集団から拒絶された違反者たちが、小さな房に一〇人、一二人と押し込められた。二〇〇〇年と二〇〇二年の間を例にとると、そこでの殺人は一件だけで、その他の人口の少ない棟よりもずっと少ない数であった。「黄色」の房は六平方メートルで、そこに一一人の男が収容されていた。そのエリアでの攻撃や殺人は稀であった。

物理的なスペースの制限に際し、我々のような霊長類は三つの順応を示す。

一つ目は肉体的な力の価値の喪失である。市中では力の強い者が相手を叩きのめして家に帰る。牢屋では加害者と被害者が同じ屋根の下で暮らすことを余儀なくされる。カランヂルで出会った最もマッチョな男の一人は就寝中に殺された。殺したのはゼ・ペケーノ。身長がせいぜい一メートル五〇センチのやせっぽっちのコソ泥だった。

チンパンジーの間で起こったのと同様に、人間の集団でも統率力を発揮するのは力が一番強い者でなく集団をまとめる能力のある者である。

物理的なスペースの制限への順応の二つ目は集団の利益に反する態度や行動の抑制である。自由な身であれば、ベッドで寝ようがソファで寝ようがテレビを付けっぱなしであろうが行動に何の制限もない。超過密の房では自分の眠気も他人の要求に適応させる必要がある。

『カランヂル駅』で懲罰房で九〇日間過ごした囚人の話を書いた。そこでは男たちは八時間ずつ寝た。三分の一が床に寝て、その他の者は立ち続けた。スペースがないためほぼ互いの体にもたれ合いながら。交替時に房の便器で小便をする。排便するのは水曜日と土曜日、集団でシャワーを浴びるのを許される日のみであった。それ以外の日に便意を催そうものなら……

三番目は、自らの刑法の作成である。蛮行を避け秩序を保つために必要なのだ。幽閉状態にある分、法は厳格になり判決は厳しく処刑は迅速となる。見せしめ的な性格を持つからである。状況次第では死刑も宣せられる。

死刑を実施する国々において、それが犯罪率を決して下げる効果がないことは何度も実証されている。法治国家は司法の間違いを避けるため弁護の機会を十分に提供することが義務付けられる。被告が優秀な弁護士を雇えば、判決から刑の執行までのインターバルは何年か何十年かかかることも珍しくない。訴訟が終わる頃には、その事件が忘れられ見せしめ的な性格も失われる。

悪党の世界では上訴を用いた時間稼ぎはない。被告の処刑は即時であり過失が犯された当日であることも稀ではない。裁判の間違いは不可避であると解される。

刑の執行の迅速さは原因と結果の関係を明白にする。冷酷な結末は人を驚かせると同時に処刑をもたらす類似の行為の抑制へとつながる。

刑務所内での派閥は、メンバーに安全を提供すると同時に合法的な財（食品、服、個人の衛生用品、タバコ）や非合法の財（ドラッグ、武器、携帯）へのアクセスを可能にするために形成される。安全も生活に必要な財へのアクセスも保証できない社会では闇市場が出現し、そこに社会的な需要を満たす商業的利益が集中するのは避けられない。

矯正制度が拡大しそれぞれの施設が過密化すると、州のコントロールが緩んだ。サンパウロの刑務所では相反して、これまでになく長期間平和な時間を享受している。二〇一四年は暴動ゼロ、二〇一五年は二回、二〇一六年は一回のみである。加えて暴力も以前に比べてずっと少なくなっている。

訪問客を尊重する、身近な男の女の前では視線を落とす、背負った借金を清算する、仲間から盗まない、密告しない、約束の言葉を守る。カランヂルと同時期の他の刑務所で清掃班により課せられたこれらの行動規範は規律維持には不十分だった。なぜなら殺人、強奪、クラックの禁止には至らず、暴力の噴出が内部秩序を破壊したからである。決定的な理由は支配する一派に最も利益の多い業務の管理を保証しなかったことによる。

内部市場を合理的に発展させるには囚人たちが借金を清算し平穏な刑務所内で安全に共同生活を送ることが必要となる。混乱が生ずれば当局が見とがめ抑圧的な措置につながりかねない。それは消費に影響し市場を不安定にする。それらの目的は相互に連関しており、矯正組織ならびに男女の囚人の願望や心理学の知識を前提とする。企業組織であると同時に情け容赦ない権威にもなる。

サパタォン

女性刑務所における同性愛は、映画、本、テレビの連続ドラマの古典的なテーマである。しかしながら、女性刑務所での私の体験から言わせてもらえば、そこで描かれている同性愛はほとんどが表面的な空想の賜物で女性の性行動の複雑さにかすりもしていない。

男性刑務所における性的関係は一段落で説明可能である。コマンドが死刑を適用するようになってから若者相手のレイプはなくなった。また、トラヴェスチやホモは元からそうだった者たちで刑務所内だろうが自由の身だろうが変わることはない。このような者とセックスする男は異性愛者の評価を失わない。同性愛者とは、つまるところ「挿入される」ことを受け入れる者のみを指している。

一方、囚人女性の間のセックスは比較にならない複雑さを有するテーマである。私がこの刑務所で診察した初日から、頭の周囲の髪の毛を刈り上げ頭頂部に残した髪をブラシのように刈りこみ側頭部に線を入れている女性たちが目についた。サッカー選手でおなじみの髪型である。体の線を隠す大きめのシャツを着、長めの短パンをはいている。すね毛の処理もしていない。女性刑務所にいなければ男だと思うような女たちである。

クリスがその典型だった。サンパウロ東部の端、サン・マテウスと境を接するヴィラ・クルサ地区で生まれた。悪党の父親は飲んだくれで、コカインを吸っていた。彼女に言わせれば家に置かれた爆発性の化合物だった。

「被害に遭うのは俺ばかりだった。殴られるのは母さんじゃなかった」

ある晩、母の一番上の兄である伯父が乱暴者の義弟を誘った。「マリファナを一緒に吸おう」と。大麻を吸い終え、子ども時代の話で馬鹿笑いした後で伯父はリボルバーを買うつもりだと言い出した。義弟に強盗で使っている銃を試し撃ちさせてほしいと頼んだ。頭に向かって三発ぶっ放した。動かなくなった体に銃を向けたまま言った。「女や子どもに暴力を振るわないことを教えてやったんだ」。

十歳で父を失い、少女は小さな売店の配達係として働いた。収入は雀の涙。生活が楽になったのは十二歳の時。ある密売所の見張り係に雇われた。わずかなチップを貰うために重い袋を家から家へ運ぶのに比べれば新しい仕事は楽だった。ファヴェーラの入り口のコンクリートの平場の上に朝七時から夜十時まで座った。怪しい者の接近を見張る代わりに昼には弁当、夜にはサンドイッチを受け取った。

十五歳の時にリボルバーを買い、自前で密売を始めた。売れる物は何でも売った。マリファナ、コカイン、クラック、ランサ・ペルフーミ〔塩化エチルを主成分としたスプレー状の消臭剤。蒸気吸引により酩酊状態を引き起こす〕、パラグアイから密輸された中絶薬シトテック。

稼ぎは一日約二〇〇レアル。家事を引き受け小さな兄弟たちの面倒を見てくれる母に一五〇レアル渡し、残り五〇を自分の小遣いにした。

「流行りの服やスニーカー、時計も買った。昼ごはんも量り売りのレストランで食べられるようになった」

余った金は毎日のマリファナと週末にゆっくり味わうためのコカインのカプセルに使った。オーバードーズで十回以上意識を失った。うち二回はＩＣＵで目覚めた。チューブに繋がれたまま自分がどこにいるかわからなかった。最後の失神はファヴェーラの路地。一度に人一人も通れないような狭い通路から意識のない自分をどうやって運び出したのか見当もつかなかった。

七歳の誕生日に何の気の迷いか父が布製の人形をくれた。それが彼女の最初の恋人だった。こっそりその口にキスをした。こちらが話をすると人形もお話を返した。想像の中でビーチや見知らぬ街を旅した。永遠の愛を誓い合った。

十六歳の時、メリに恋をした。二人はメリの母方のおばあさんの家の離れに住むことになった。おばあさんはプロテスタント信者の未亡人で一人暮らしだった。二人を歓迎してくれたが、彼女たちを結びつける絆が何であるかを知った途端、二人を追い出した。

近くの貧民街の台所付きの部屋に引っ越した。二人の関係が三年経ったころ、クリスは不審を抱いた。いつもの時間に密売所の仕事に出かけたふりをして、一時間後、家に引き返した。塀を跳び越えたクリスを見て、メリは驚いた。彼女は全裸で従兄と一緒にベッドの中にいた。

我を忘れたクリスはリボルバーの銃床でメリの頭を殴りつけた。ズボンをはこうとふらついている若者の軸足を蹴りつけた。

血まみれのパートナーを連れて駆け込んだ保健センターで、腹がベルトの上まではみ出した当番の警官からどうしたのかと尋ねられた。

興味津々で話を聞くと、冷静な声で言った。

「もし俺の女なら、二人とも殺す」

クリスは三、四回、未成年用の施設に収容されたことがあった。十八歳になって早々にエウブ・ダス・アルチスの卸売人のところに運ぶリュックの中のマリファナ二キロが見つかり、現行犯で捕まった。超過密の房の床で四週間寝て過ごした後、フランコ・ダ・ホッシャに移された。そこはそれまでのもっとも厳しい刑務所だった。

「屈辱が生み出すのは怒りだけ。入ったときより出た時のほうが悪くなるってどうよ？」

三回目の服役の後で変わる決心をした。

「全部で七年もムショで過ごした。うかうかしてたら動物園の動物みたいに一生檻の中ってことになっちまう」

売り子の仕事を始めた。ドラッグからも最後の刑務所で恋仲だった売人のシウヴィアからも遠ざかった。釈放されたシウヴィアはクリスを諦めなかった。執拗に彼女を求め続けた。

ある日曜、シウヴィアが電話をかけてきた。高熱と咳、気分の悪さを訴えた。ほかに彼女を手助けする人もいなかった。二時間後、二人はシウヴィアの家に侵入してきた三人の警官に捕まった。情報提供者からクラック二〇〇個があると密告を受けたのだ。二万レアル払えば見逃すと言った。シウヴィアは有り金の八〇〇レアルを差し出したが、男たちは鼻で笑った。

六年八カ月の刑を受けてクリスはこの刑務所にやってきた。ここではジョニーと呼ばれている。三日目に今の女と結婚した。

これまでいた刑務所でもジョニーは一週間と空けて一人だったことはなかった。彼は女囚たちの中の最高のカテゴリーに属する「オリジナル」のサパタォンである。オリジナルは貴重で、人づての情報だが一つの棟にせいぜい四、五人しかいないという。

娑婆では女性の同性愛者は軽蔑を込めてサパタォンと呼ばれる。刑務所では、すでに述べたような男のステレオタイプを帯びた女たちの特有の名称である。トラヴェスチが男性刑務所の中であらゆる点で女性と見なされるように、女性刑務所のサパタォンも「彼」と呼ばれ、男として扱われ、男の通称名を持つ。

「オリジナル」のカテゴリーに入るためには、男性経験がないことが条件だ。ジョニーが説明する。

「生まれつきそうじゃなきゃ駄目なんだ。子どもを産んだり男と付き合ったり結婚したり恋心抱いたって奴も。男にひっつくのもおぞましいってくらいじゃなきゃ」

胸を平らにするため窮屈なトップスを着る。生理の時でもブリーフを穿く。足の毛も腋毛も顔の毛も剃らない。

「オリジナル」は自尊心を持ち、女を養い、女に尊敬、服従、忠誠を求める。医者にさえ自分の体を見せるのを恥ずかしがる。診察だと言っても素直に服を脱ぐこともない。恋人の前でも裸を見せない。もっとも親密な「あの時」も。

ＧＩＲの規律のための所内の捜索で、女の係官が検査の際に服を脱ぐよう命じてもたいていは従わない。反抗的態度により三十日の懲罰房行きの処分を受ける。

折り紙付きの「オリジナル」であるジョニーは、自分の性生活についてガレリーアで語ることもなければマスターベーションもしなければ恋人に自分の体を触らせることもないと言う。

「女が俺を触ろうもんなら気持ちも萎えちまう。女ってのは受身なんだ。俺のあそこに手を伸ばそうもんなら顔にパンチを食らわせる」

彼の喜びは性的ではない愛情表現でありキスであり相手の性器への唇での愛撫であり彼女が見せる性的興奮である。彼のオーガズムはそこで訪れるのである。性器を触る必要はない。

女性の生理学の知識があるのも大きな価値を持つ。

「俺は最初の一回で女の禁断のツボを見つけるぜ。今の女のそれは十五分で見つけた。二十人以上の男でも見つけられなかったものをな」

もし囚人たちが「オリジナル」だと思っていたサパタォンに子どもがいたり、男性経験があったりすることがわかると自動的に「軟派」のサパタォンに降格する。それは刑務所に入るときは長髪で、男性的な見た目にするために髪を剃った者たちのカテゴリーである。

「シャバに戻ったとたんに髪を伸ばし、ヘテロの生活に戻る奴らさ」

ジュサーラの腹部の手術跡の感染症を治療した際、本名を呼ぶと訂正した。

「ペドラォンと呼んでもらえるかい、先生。みんなそう呼ぶんだ」

「『オリジナル』のサパタォンかい？」

「いや、『軟派』のほうさ。息子が二人いるんだ。一人は七歳でもう一人は九歳」

ペドラォンは二十七歳で刑務所は二度目だった。最初は密売で四年の刑を受け、その半分を服役した。二度目はさらに厳しかった。現金輸送車の強盗未遂で腹部に弾丸を三発受けた。マンダキ病院で緊急手術を受け、ＩＣＵのベッドに八日間縛り付けられた。

「煉獄ってもんじゃない。地獄だった」

傷跡の治療に再びやってきた時に刑務所でどれぐらいの囚人が恋愛をしているのか尋ねた。

「九割だよ」即答だった。

私が驚いているのを見て、八割五分から八割に減らした。ただし「少なく見積もっても」。自身の性生活についてもあけすけだった。

「シャバでもバイだったからね。ここで女とやるのも何でもないんだ。みっともねえのは『軟派』が個別訪問で旦那を受け入れた後で女をもてあそぶことさ。この二棟には二人いるよ。旦那たちが通りの門を出て行く前にもう女といちゃついてる奴が」

他の『軟派』と同様、彼はパートナーの目の前で自由にシャワーを浴びたり服を着がえたりできる。ベッドの中のレパートリーは、異性愛者のカップルの男と同じく様々だが制限はある。

「『軟派』はもてあそぶほうで、女みたいによがっちゃいけない。そんなヘマをしたら女の方からおさらばさ。ガレリーアでそれをばらされた日にゃ、とんだ赤っ恥をかくことになる」

ペドラォンの自慢は欲得で女に近づいたことが一度もないことである。

「気が合わなかったり好みじゃない女には近づかない。そんな輩とは違うからな」

そんな輩とは「ヒモ」のサパタォンで、娑婆では異性愛者だが、服役中は生存戦略として男になる。男のような見かけだが、時にパンティを履き、ブラジャー風のトップスを着る。釈放されれば髪を伸ばし、男と恋をする。

「『ヒモ』は何とか働かないで済まそうとするんだ。女は誰でも構わない。醜かろうがババアだろうがデブだろうが、どんなのでも受け入れる。女へ差し入れられるジュンボの中身とドラッグを買ってもらうことしか興味がないんだ」

入れ替わりが激しいのもその特徴だ。

「見た目がいい奴ほど『ヒモ』なのさ」

しかし『ヒモ』の生活もバラの海というわけではない。

「やきもちが半端ないんだ。二十四時間、パティオにも出られない。房の外に鼻先を出しただけで女にギャーギャー言われる。女に対する女のやきもちほど質の悪いものはないぜ」

「ヒモ」は経済状態がよい悪党の男の女を特に好む。

「昔は悪党の女と関係を持ったサパタォンはシャバで殺されたもんだ。でも今じゃ女のほうが嘘をつくんだ。悪党も自分の女の嘘を信じるほうがいいのさ」

「サンダル」のサパタォンは男性のステレオタイプを演じてはいても根っこは異性愛者であることを示すもう一つのカテゴリーである。

「一歩外に出ようもんなら、キラキラしたサンダルを履いて出かけるんだ。素敵な王子様を探しにな」

自由になれば「サンダル」は髪を伸ばし、口紅をつけ、足や脇の毛を抜き、すぐさま異性愛者に戻る。

「通りで出会った時に、ゼラォン、シッコ、マルカォンなんて牢屋での名前を呼んだって、けげんな顔で『私はアニーニャですけど』なんて抜かして、さっさと立ち去っちまう奴らさ」

サパタォンの間で一番ランクが下のカテゴリーが「半端」で、女に養ってもらうばかりかパンティも穿く。ベッドでは何でもする。肛門にバナナや他の異物を挿入されるのも受け入れる。

『半端』は怠け者のホモ。一日をベッドでだらだら過ごす。音楽を聴いたりドラマを見ながら。恋人がコップの水やビスケットを持ってきて背中まで掻いてくれる」

さらに「破廉恥で浮気者で欲ボケだ。金を持ってる女に鵜の目鷹の目。獲物が見つかったらそれまでの女を捨てるんだ。恥知らずの人でなしさ」

くず中のくずに対する名称が「鼻つまみ」である。

「何の役にも立たない奴さ。ムショの中で売春さえやりかねない。誰も相手にゃしねえだろうがな」

さらに「玉子入りパン」のサパタォンもいる。男が好きか女が好きかもわからないタイプだ。

「本人にもわからないのさ。スクランブルエッグか目玉焼きか、どっちが好きかも答えられない。どっちつかずの風見鶏さ」

「オリジナル」「軟派」「ヒモ」「サンダル」「半端」「鼻つまみ」「玉子入りパン」は、共通して刑務所内の女を魅了する男のステレオタイプを有している。相手の女は何人いてもいいし、尊重されている。ただし彼らの間の恋愛はご法度である。

「サパタォン同士で？　冗談じゃない。男が男とやるなんて」

同性愛

刑務所では同性愛があまりに公然とまかり通っていて、一人でいるのは年配の女性か同性との関係をコマンドに知られれば追放処分を受ける「姉妹」だけである。それでも、夜のしじまに危険を冒す者もいるとかいないとか。

同意なしの恋愛関係を続けることを誰一人強制されることはない。

「目と目が合ったときにケミストリーがなきゃ駄目なのさ」

出入りを繰り返し三十年以上のムショ暮らしの経験を有するスエリさんによれば、昔からこうだったわけではないという。かつては女性刑務所でも強姦があった。北部の警察管区の集団房で、スエリさんとリーダーの座を争っていたジャシーラ・ネガォンが起こした事件を彼女は自分の目で見た。

「ジャシーラは厚かましい女で、ベッドを二つ独占していた。一つはただ私物を置くためだけに使ってた。床に寝なきゃならない仲間が三人もいたのに」

　ある晩、スエリさんはトイレから漏れてくる押し殺した声で目を覚ました。ジャシーラ・ネガォンが新入りの若い女を連れ込んで、彼女にオーラルセックスを強要しようとしていたのだ。

「ナイフを掴んで飛び起きたさ」

　そのレイプ魔の女の腹を二か所突き刺した。その騒ぎで起きだした同房者たちが続けざまに殴る蹴るの制裁を加えた。今は亡きジャシーラ・ネガォンは救急病院に運ばれた。スエリさんはライバルのベッドの所有権を手に入れ、房のリーダーになった。

「レイプ魔の男は殺されるけど、女のレイプ魔も同じにすべきさ」

　ケミストリーを感じたパートナーの二人は、同じ房に入れてもらうよう頼むが、話はいつも簡単に運ぶとは限らない。同房者の同意が必要だからである。職員たちは干渉しない。大虐殺が発生した九棟の規律部長の一人であったジョアン・アウミールは言う。

「当人たちがいいって言うなら俺たちは口を挟まないんだ」

　診察中に女と恋愛する女たちを悪しざまに言う者がいるが、壁にさえ聞かれては困るかのように決まって小声だ。同性愛の慣行があまりに自由で自然に受け入れられている環境では、モラリスト的態度が憚られるのである。ガレリーアで濃厚なキスや性的な愛撫はご法度だけれども。それゆえ訪問日には細心の注意が要求される。

「手に触れることさえしない」

　ダニエーラという名の黒人の娘を診たことがある。背が高く細面でアフリカの仮面の様に分厚い唇をしていた。彼女の顔は彫刻のようで、彼女を見るたび、ルーマニア人彫刻家のブランクーシの作品「ブロンドの黒人女」を思い出した。彼女は結核の症状がぶり返したと訴えた。一年前、COC（犯罪学観察センター）というこの刑務所を含む複合施設の中の保健部門の病棟で行った治療が不完全だったのだ。やせ細り熱があり目は落ち窪んでいた。衰弱しているのは明らかだった。

彼女を再びCOCに移すと説明した。規則正しい治療と医師の監視下で完全に治療する最後の機会である、死に至らしめるしつこく攻撃的な菌が現れるのを防ぐための処置だと、意図的に脅すような言い方をした。二十八年前、カランヂルでエイズが蔓延し、その最盛期に多剤耐性結核で最初の患者たちを亡くしたときからの慣習だった。

「ぜひともお願いします」と彼女は答えたが、列の後ろの同房者のヴァヌーザのことをとても気に掛けていた。彼女も同じ症状を呈していると言う。彼女も中に呼ぶように命ずると私は入院用の書類の記入を行った。

ヴァヌーザは、咳、胸の痛み、熱、寝汗、その他、ダニエーラと同じ症状を訴えた。ただしダニエーラとは違って生気に溢れていた。髪を根元まで脱色し、補正した胸を突き出し、誘うような目つきをしていた。聴診では私よりも元気そうな肺の音で、私は詐病を確信した。

痰の中の結核菌の検査のみを指示したが、彼女は納得しなかった。具合がとても悪いのだ、仲間と別れれば死んでしまうと申し立てた。

「君は病気ではないよ。結核の病人たちの中に君を入院させようなんて医者は一人もいない」

それでも反論しようとしたがダニエーラが遮った。

「ああハニー、先生の言うとおりだわ。問題はね、先生、私たちは一人になっちゃ生きていけないってことなの」
三、四週間でダニエーラは戻ってきた。
「何度もお願いしたの。棟で薬を必ず飲み続けるって。それでやっと退院させてくれた。淋しくって我慢できなかったの」

その治療後は二人に会わなくなった。その数カ月後、ダニエーラを見かけた。すっかり元気にはなっていたがガレリーアでは一人だった。仲間のことを尋ねると沈痛な面持ちになった。ヴァヌーザは半開放の恩恵を受けたが、そこから脱走し、コールガールに逆戻りした。恋人の二件の強盗に加担し、カンピーナスで捕まったという。

再会からさらに四、五年後、診察室の最後の患者が退出した後で、ヴァウデマールが来客を知らせた。ダニエーラであった。三年間自由でいたが八〇〇グラムのクラックを所持しているところ警察の網に引っかかった。腕に一発撃たれた後で投降した。

自分よりも十歳も若い恋人を連れていた。赤みがかった肌の色で顔はそばかすだらけだった。元婚約者の母親を刺したかどで起訴された。

「鬼ババアが、あたしと彼を力ずくで別れさせようとしたからよ」

ダニエーラがパートナーの腕に自分の腕を重ねた。

「先生、彼女のそばかすだらけの肌と私の黒い肌、きれいにマッチするでしょ？」

ダニエーラとヴァヌーザのケースは例外ではない。二人のうちの一人が釈放されると釈放されたほうは異性愛に戻り、大半の関係はそこで終わる。彼女たちにとって同性愛は刑務所という環境下での一時的な関係に過ぎなかった。付き合う男の耳には決して入れたくない秘密だった。

しかしながら女性の愛人との間に、連帯、理解、共犯関係、異性との関わりでは得られない性的快楽や愛情を見出す女もいる。

ジュリーニャはジャルヂン・アンジェラで育ち、十五歳で初めての妊娠をし、三度目は二十五歳の時だった。彼女の子どもたちの父親は警察に何度も捕まった強盗だった。何も言わずにふらりと家を出て行き、好き勝手なときに薬をキメて帰ってきた。彼女が文句を言おうものなら、哀れにも彼女はひどく殴られた。男が捕まったという知らせが届いた時には神に感謝したほどだった。

刑務所に入った男を見捨てた女に対する死の脅しは、犯罪の世界でもっとも横暴で憎むべき掟の一つである。「逆もまた真なり」であればいいのだが。自己中心的なマチズモは男には女を忘れる権利を与えている。女が男のために犯した罪で捕まった場合でさえも。

ジュリーニャは嫌々ながら毎週日曜日、ソロカーバの男を訪ねるというルーティンをきっちり守った。交通費や検査室で感じる圧迫よりももっと大きな苦痛があった。

「私を虐待したあの愚かな男とセックスしなきゃならない。最悪だった。ただ一つ、あいつがムショの中の商売で稼いだお金とコマンドが毎月送ってくれるベーシック・バスケットだけはありがたかったけど」

ある訪問日、ジュリーニャはいつものパティオで男を見つけることができなかった。男の友人というのがやって来て、夫はひどい風邪をひいていて彼女を受け入れることができないと知らせた。彼女は無理やり房まで行き、夫を驚かせた。二人の住んでいた地区の十九歳の女が一緒だった。

神聖なる訪問日をスキャンダルにより汚し、仲間に多大な迷惑をかけたという口実で、男は妻との関係は終わったと判断した。送金も終わった。ただしベーシック・バスケットは止まらなかった。

ジュリーニャは売人の幼友達の家を訪ねた。彼は彼女に職を与えることを拒んだ。彼女にその世界に足を踏み入れてほしくないと言った。彼女が子どもたちを抱えての生活の困難さを訴えると、彼はようやく考えを変えた。

そっちのキャリアは長く続かなかった。すぐに四年の判決を受け、子どもたちは親類の家にばらばらに預けられた。

刑務所ではパチの房に入った。彼女と同じく入所したばかりだった。パチはプロの看護助手で二人の女の子の母親だった。一人は飲んだくれの元夫と、もう一人は彼女に永遠の愛を誓った恋人との間の子だった。その恋人は彼女の妊娠を知ると姿を消してしまったけれど。

パチはベレンジーニョの生まれで中産階級の一軒家で育った。彼女が認めるとおり二十歳も年上の詐欺師と関わり合う必要はこれっぽっちもなかった。男は偽造書類で店を開き、代理店から委託品として納入された商品を、深夜、トラックの荷台に積み込み姿を消すのを専門にしていた。

二人に共通していたのは犯罪における経験の浅さ、初犯であること、子どもを恋しく思っていることに加え、男たちに苦労させられたことだった。この点についても看護助手には仮借がなかった。

初日から心が通じ合った。二人は房の仕事も二つの家族が持ってくる食糧も気前よく分け合った。個人的なスペースや相手の休息にも気を配った。コカインを嗜まない二人の共同生活は非常に上質だった。

何週間も経たないうちに二人は企業の職を得た。電気のコンセントを組み立てる仕事で職場も同じだった。いつも一緒の二人に「コズマとダミアン〔四世紀ディオクレチアヌス帝の迫害で殉教した双生児の兄弟。医業の保護聖人〕」の仇名がついた。

夜遅くまで語り合った。

「何時間も何時間も話をした。幼い頃のこと。子どもたちや家族のこと。ドラマの俳優たちのこと。私たちのそれぞれが体験したいいことや悪いこと。こんなにも人と親密になったのはこれまで一度もなかった」

ジュリーニャによれば二人の「初夜」はある土曜日の大嵐の晩だった。刑務所の屋根を大雨が叩きつけた。

「子どもたちが元気でいるかどうかが心配になって涙が止まらなくなった。パチが私のベッドに座って、私の手を取り私の涙をぬぐい私の頬を撫でてくれた。私が隣に行くと彼女は横になった。気づいた時には二人は抱き合っていた」

最後に会ったとき、二人は幸福の絶頂にあった。ジュリーニャは半開放への移送を、パチは完全な釈放を待っていた。二人を担当する弁護士によれば裁判官もその恩恵にすでにサインしているとのことだった。

将来の計画も立てていた。ジュリーニャが半開放を出たら、パチの家に一緒に住み五人の子どもを育てるとのことだった。

男と寝ることは？

「二度とない」二人は同時に答えた。

前章で述べたようにサパタォンとは男の外見を帯びた者たちに対する呼び名である。対して女性の性質を維持したまま他の女たちと性的関係を持つ女たちは「了解した者」と呼ばれ、数が一番多い。

サパタォンと同様に「了解した者」にもいくつかタイプがある。おおよそ「攻め手」「受け手」「相対」の三つに分けられる。「攻め手」のもっとも重要な特質は男性に対する願望を持たないことにある。ヴァージンであることが必要条件である「オリジナル」のサパタォンとは異なり、「攻め手」は結婚したり、子どもを持ったり、男と恋愛関係にあったりした経験があってもよい。今現在、個別訪問を受け入れず厳格に同性愛的な言動を貫いていれば。

「攻め手」は将来の恋人を求めてアプローチを行い性的関係における主導権を有する。ピッタリしたパンツを履き魅力的な女を探す。「攻め手」は尊敬を受けるために、パートナーにタバコ、菓子、ドラッグ、清涼飲料水、食品を与える必要がある。刑務所内で提供される単調な食事にバリエーションをつけるためである。一方、パートナーたちには「攻め手」に対する感謝と服従を求める。独占欲が強い「攻め手」は、パートナーが外に出るのも禁止する。パティオでの日光浴にも必ず見張りが付き添う。

何件もの殺人で八十年以上の刑を宣せられたペルナンブーコ出身者は言う。

「自分の女をガレリーアでうろうろさせたりはしない」

彼女によればそれらの殺人には事情があるという。

「そいつらはみんな一回分のベーシック・バスケットの価値もない奴らさ。あたしを逮捕するどころか、あたしに勲章でもくれるべきさ。社会貢献をしたのよ」

「オリジナル」のサパタォンと同様、相手に触られるのを許さない「攻め手」もいる。釈放されても女性としかセックスをしない。

「受け手」は主婦である。生活費の心配は不要で、房の掃除、洗濯、ベッドメイク、その他の家事を行う。

彼女たちが個別訪問で夫や恋人を受け入れることも妨げられない。「受け手」の同性愛と異性愛の使い分けは塀の中の世界に限られる。釈放された後で求めるのは男だけである。

「相対」の性的行動は揺れ動く。状況、個性、相手の嗜好などケースバイケースで「攻め手」にもなれば「受け手」にもなる。自由になった後も男とも女ともデートする。

最後のカテゴリーが「女性原理主義者」である。この区分に属する者は男が好きで、娑婆でも男としか関係を持たない。房では女とセックスはするが、その際は必ず「受け手」としてである。

「エゴイストさ。男が女にする愛撫を相手の女から受けておきながら、相手には何もしないんだから」

とは言え「女性原理主義者」の全員が厳密にこのとおりというわけではない。

「仕事に行こうかという時に、互いに擦りあったり、オーラルセックスをさせてくれるよう頼んだりする者もいる」

パートナーの口が堅ければ「女性原理主義者」の面目は保たれるが、そうでなければ

「そんな破廉恥な真似をしておきながら、『女性原理主義者』なんて笑わせるわ。一体どっち？　同性愛者じゃないの？」

サパタォンの場合と同様に

「『攻め手』同士が同衾するって？　考えたくもない。男同士よ」

少数の者たちのヴェールに包まれた批判やコマンドの「姉妹たち」のみを対象とする禁止を例外として、同性愛的慣行は囚人たちにも看守たちにも刑務所の執行部にも当然のこととして受け入れられている。

彼女たちの住んでいたコミュニティではほとんどの女が同性愛について偏見を抱いていた。そんな女たちが集まる環境下で、なぜ同性愛が受け入れられるのか？　女性刑務所を三十年以上も率いたマリーア・ダ・ペーニャ氏が説明する。

「ここでは全員が心の奥底で理解しているのです。自分たちは生物学的な必要を抱いているのに愛情が与えられず牢屋に放置されていると。流血に至るような病的な嫉妬による事件は別ですが、同性愛は女性刑務所を平和に保つのに役立つ伝統なのです」

生物学的な必要性と愛情不足は本来相互に関連している。だがシルレイにとっては大違いである。彼女はコカインの常用者で、物心ついた時からの「攻め手」であった。

「私はパートナーが私に欲情してるのか、ただ淋しいから一緒にいるのか知りたいのよ」

はっきりさせるためにいつも単刀直入に本質的な質問をする。

「あなたが私に口でするときは興奮してるの？　私を喜ばせたくってしてるの？　どっちよ」

ジジのように刑務所で初めて自分のセクシャリティに気付いた者もいる。

トリアングロ・ミネイロの農家の娘だったジジは、十四歳の時、サンパウロ沿岸部の祖父母の家に住むようになった。十七歳で一人州都に移り北部のペンションの清掃係に雇われた。翌年、オーナーの夫との間に子を宿すとすぐさま叩き出された。

二晩、公園のベンチで寝た後で、犬を連れて散歩していた年金生活者の女性の家に連れていかれた。

「私の人生に神様が遣わしてくださった天使だった。でも息子が一歳の時に彼女は天に召されてしまった」

ジジは、奥が貸間になっている女たちのバーに仕事を見つけた。そこで工員のジェッフィと知り合った。十年間一緒に暮らして三人の子どもができた。別れて数カ月後、アンドレを紹介された。ジェッフィのところに四人の子どもを残して恋人と一緒に住むようになった。

最初はアンドレが販売するドラッグを管理するだけだった。

「その後で配達や夜間の密売をするようになった」

関係は三年続き、その間にもう二人子どもが生まれた。

アンドレが逮捕され十八年の刑に服すると、ジジは敵対する組織の売人のペドラォンと恋仲になった。

ある午後、キオスクでおつりを受け取ろうとするところを襲われた。

「突然一人の小僧っ子が現れたと思ったら、五発撃たれた。胸に二発、腹に三発。管だらけになって四十二日間、病院で過ごした」

ジジは密売に関係したかどで十二年の刑を宣せられ、うち四年を終えた。

「十二年ってどうよ？　誰も殺してないのにさ。次に捕まったら一生ムショ暮らしよ」

刑務所ではハフィーニャと結婚している。顔も体も小さい「オリジナル」のサパタォンで、彼をレイプした二人の男をナイフで殺して捕まった。

「男のアレの喜びを感じろだ、女とやるなんて真似は止めろだなどと言われた」

ジジはハフィーニャと出会うべくして出会ったと思っている。

「二十年間、男とやってきたけど女のことを考えた時しかオーガズムを感じなかった」

物理的なスペースの制限、同性の人々との幽閉、愛情不足や男性の不在、家族からの放置、これらが囚人の女の性的なレパートリーに対し独裁者のように同性愛を課したとは思えない。

それらの要因のすべてが社会環境的条件を作り出したと考えるほうが合理的である。そこで女性は、社会生活の中で抑圧されていた心の奥底の空想や願望を実現できたのだ。

刑務所の世界には、「オリジナル」「軟派」「ヒモ」「サンダル」「玉子入りパン」「半端」のサパタォン、「攻め手」「受け手」「相対」の同性愛者、「女性原理主義者」が、自分の望み通りに社会の抑圧に直面することなく、自身のセクシャリティを生きることができる。

逆説的であるが、おそらく刑務所は女性がその自由を得られる唯一の環境である。

性暴力

郊外の少女たちは幼少期から性暴力の危険に晒されている。これまでそんな話をどれだけ聞かされたか。一番卑劣な事例を選ぶのさえ困難だ。

女性を乱暴する男たちには心の底からの軽蔑と不快を感じる。暴力で制圧した後、怯え、もがき、泣き、許してくださいと懇願する相手に、どうすれば性的興奮を感じることができるのか。理解不能である。

子どもを乱暴する男は卑劣の極みである。旧カランギルでも何人も見てきた。体内に純粋な憎しみの衝動を覚えることは否定できない。刑務所内で想像もできないほどの残酷さと冷酷さでレイプ魔を拷問し殺す男たちまでとはいかないが。死亡診断書を書くために診療所に運ばれた死体やさらにまだ息がある者たちの状況は、二十八年、刑務所で仕事をしてきた中で私が味わった最大の恐怖だった。今もなお、思いもよらぬ時にその像が頭の中でフラッシュバックする。一人でシャワーを浴びている時、日曜日の昼食時に、孫と遊んでいる最中に、妻と一緒のベッドの中で。

人気のない路地で男が娘を襲うという類のレイプ犯罪は少数だ。大半は身近にいる男が無防備な被害者につけ込むケースである。継父、おじ、祖父、従兄、母のパートナーの連れ子、家族の友人や隣人がその家の住人の信用を悪用する。実の小さな娘に性暴力を加える極悪人の父親もいる。

貧困、家庭の崩壊、狭小な住宅での過密、DV、感情面での孤立が怯える弱い子どもを不安定にし、強姦しようとする男の病的な悪意に晒させる。

一年の間にマリーア・ジョゼを三度診察した。副鼻腔炎だった。初回の診察で、逮捕されてから四年間コカインは使っていないと断言した。二十三歳で、小麦色の肌に赤茶けた髪。時折チックが現れた。瞬きと同時に鼻を少し歪めた。

五人兄弟のいる家族に生まれた。母は洗濯女だった。父はアルコールと人生への不満でいつもいらいらしていた。些細なことで妻や子どもたちに暴力を振るった。

マリーア・ジョゼが十歳の時、六十歳の父方の祖父が近所に越してきた。両親は彼女を祖父の家に置くのがよいと考えた。もっともな理由があった。

「自分はもう料理もできたし、そこは学校にも近かった。家の食い扶持も少なく済む」

住み始めた最初の週に、祖父は彼女に錠剤を渡して、夜、飲むようにと言った。

「あたしがやせっぽっちで小さくて、大きくなるにはビタミンが必要だって言って」

ある夜更け、トイレに起きると、両腿の間が妙な液体で濡れているのに気付いた。

「あたしもようやく『女になった』んだって思った」

何度もその薬を使ううちに効果が薄れた。どこにいるのかもはっきりせず、まどろんだ。意識はなかったものの、

「祖父があたしのヴァギナに自分の性器をこすりつけてるんじゃないかって思い始めた。不思議な感じで朝になったら夢だったのか本当だったのかわからなかった」

真実が分かったのはある晩であった。もらった薬を舌の下に隠し、出された水を飲んだ。その後でトイレに行って錠剤を便器に吐き捨てた。

熟睡しているふりをした。

「祖父があたしのパンティを下ろし、あたしの体を自分のほうへ向けた時にはまだ何もしなかった。祖父の性器を感じた時、あたしは飛び起きた。祖父は泡を食った」

卑劣漢の言い分はこうであった。

「あたしの子どもが欲しかったって。十歳の子どもとどうやったらできるってのよ」

マリーア・ジョゼは両親には話さなかった。そこまで親密さを感じていなかったのだ。信じてもらえずに殴られたり、祖父を誘惑した恥知らずだと思われたり、何より父が祖父を殺すことを恐れた。

その晩以来、祖父は彼女に睡眠薬を渡すことも近づくこともなくなった。その二カ月後、ソファでビールを飲んでいる最中に心筋梗塞に襲われ急死した。孫に言わせれば「天罰」だった。

自分が祖父の死の第一発見者だったので両親に知らせに走った。だがその前にすべきことがあった。

「祖父の財布の金とタンスの中の枕の中の隠し金を全部奪った」

クァルタ・パラーダの墓地での通夜で家族がバタバタしている隙に逃げ出した。一人暮らしの売人で元隣人の家に向かった。家に入るとすぐに頼んだ。

「マリファナを吸いたいの。教えて」

彼女はクラックしかないと答えた。

その友人の家でクラックを吸い、料理をし、洗濯、アイロンがけをし、テレビを見た。一歩も外に出なかった。自分の居場所を知られるのが怖かったのだ。

ある日、友人が隣のグラジャウ地区にいる売人仲間のシウドのところに行こうと誘った。人目に付かないようタクシーで向かった。

シウドは筋肉質の体で首までタトゥーを入れていたが、柔らかな話し方をする若者だった。サンダルにぶかぶかのバミューダパンツ姿で客を迎えた。

マリーア・ジョゼをテレビの前に残して、二人は商売の話をするため台所に行った。それほど時間はかからなかった。友人は包みを携えてマリーア・ジョゼに言った。

「いいこと？ ちょっと遠出しなくちゃならなくなった。シウドと一緒にいてくれる？ 心配いらない。彼はいい子よ。あなたの面倒を見てくれるって」

マリーア・ジョゼはまだ十歳で疑うことを知らなかった。自分がその時、売人に売られたなんて思いもしなかった。

その若者は十九歳、武装強盗でＣＡＳＡ財団〔青少年社会教育扶助センター〕に二度収容された後、成人になってから武器の所持で一度捕まり、モオカの暫定拘置所で八カ月過ごした。その収容中に幼馴染に会い、彼がコマンドの洗礼盤でシウドの代父になった。釈放された後は代父の密売所で警備の仕事をしていた。

少女と二人になると彼女に請け合った。父親のような口調だった。

「お前は両親の家に帰りたくないって言うが、まだ子どもだ。安心しな。仲良くするのはお前がもう準備ができたって感じるようになってからだ」

一年半一緒に住んだが、寝室は別々だった。彼女が家事をし、彼が生活費を稼いだ。二人には何の不自由もなかった。毎週日曜日に遊びに行くには十分な金が手元にあった。二人のお気に入りはイビラプエーラ公園に出かけることだった。

「生まれて初めて大事な人のそばで暮らすということを知った。あたしに声を荒げることもない。いつもあたしを楽しませようと気を配ってくれた」

十二歳になろうとする頃、マリーア・ジョゼは彼の寝室に向かった。

ある日、呼び鈴が鳴った。

「リボルバーを手にした兄さんだった」

兄は撃鉄を起こした武器を手にリビングに入ってきた。シウドはソファにいた。妹を誘拐した男の命を奪おうとした。

「あたしは彼を愛してる、二年近くあたしを大事にしてくれてる、ここにいるのは自分がそうしたいからって言い張ったら、兄さんは分かってくれた。クラックを止めさせてくれたのも彼だし、自分の仕事に私を関わらせようともしないってのも付け加えた」

十三歳で妊娠した。六カ月過ぎた時、二人の見知らぬ男がドアを蹴り破って侵入してきた。シウドはタオルにくるまってバスルームから出てきた。最初の二発では倒れなかったが、もう三発放たれた。自分の足元に倒れた彼を彼女は介抱した。

「あたしの人生で一番大きな悲しみだった。彼は最後にこう言った。俺たちの子どもを頼む、って」

彼女は両親の家に戻った。八カ月間授乳した後で、再びクラックを始め、二十歳年上のヴィトールと知り合った。何回も警察署や暫定拘置所や刑務所に入ったことのある強盗だった。

六カ月後、同棲するようになった。子どもは両親に預けた。

新たなパートナーとの関係は波乱含みだった。

「彼にあたしのほかに女がいるってわかった時から関係がこじれた。カシャッサ〔サトウキビを原料とするブラジルの蒸留酒〕にコカインが加わると暴力が止まらなくなった」

関係が終わったのは、彼女がクラックを買うためにこしらえた借金に彼がうんざりした時だった。彼は彼女に金を渡さなくなった。

「食べる物にも事欠くようになった」

男と別れるとマリーア・ジョゼは途方に暮れた。両親の家に戻ることもできなかったし自分の力でどう生きていったらいいかもわからなかった。解決策は売人のグループに加わることだった。ドラッグのビジネスに金を回すために商店を強盗した。

一味の中の彼女の役目は狙いを付けた場所を観察することだった。従業員のルーティン、警備の状況、逃亡のルート。強盗の時は見張りをした。見知らぬ人が近づいたら携帯で仲間に知らせた。

生活は改善した。

「息子に服やおもちゃを買ってやることもできた。家族にお金をあげることも。ブランドのジーンズや流行りの服を着ることもできた。よくよく考えてクラックも止めた。コカインとマリファナを時々楽しむだけになった」

ある晩、南部のバーを襲った。今までにないやり方だった。彼女は道路の対面で待った。仲間の一人が戸口で待機し、もう一人は客がテーブルの上に置いた金と所持品を集めた。その間に三人目はレジに向かった。退散しようとしたその時、酔っぱらった若者がビール瓶を手に仲間の一人に襲いかかった。戸口で援護していた仲間が発砲した。若者は倒れる前に強盗の頭を叩き割った。

待たせてあった車で逃げた。血まみれの仲間をジャバクァラ病院の救急外来へ連れて行くと、頭蓋損傷の疑いで入院することになった。

翌朝、マリーア・ジョゼは両親の家で捕まった。息子と出かける準備をしているところだった。

強盗罪で十四年の判決を受けて刑務所にやってきた。

ル・バイアーナ

喘息の発作で診察したとき、ル・バイアーナは二十五歳だった。最初の診察から風変わりだった。視線を合わせようとしないのである。彼女の目は、私の椅子の後ろの格子の付いた窓の辺りに向いていた。

実父も妹の父親の顔も知らなかった。母親が彼女たちが住んでいた部屋に新しい恋人を連れてきたのは、妹が二歳の時だった。

一五平方メートルの空間に、ガスレンジ、冷蔵庫、流し台、日中は中央部に置かれるテーブルに椅子二脚が詰め込まれていた。ファヴェーラの路地に通じる小さな階段の脇の差し掛け小屋に、水槽、小さなバスルーム、プラスチックの三輪車があった。寝る時は、テーブルと椅子が置いてある場所に、壁に立てかけてある二つのマットレスを敷いた。

ある晩、その小さな部屋で、母親のうめき声で目を覚ました。

「暗がりで男が母をいじめてると思った。私が泣き始めると母は怒って『静かにしなきゃぶつよ』と私を脅した」

その後も同じような状況で何度か目を覚ましたが黙ったままでいた。あの愚かな男の手で母が苦しめられているのが怖かった。けれど母がなぜ起き上がって電気を点けないのか不思議だった。

ある晩、母が寝ている間に彼女の髪をなでる継父の手で目を覚ました。奇妙であった。横暴な質で飲むと暴力的になった。優しい言葉も行動もあり得なかったからだ。母親からの愛情もなかった。八時前に職場に到着するために出かけるのは夜明け前だった。帰ってくるのは夜で、少しでも気に障れば娘たちに声を荒げ、手を上げた。

頭をなでていた手が体へと下りていき、彼女の性器を触った。ルは石のように固まり、筋肉一つ動かすことができなかった。まだ六歳であった。

その数日後、母が弁当を持って出かけた後で、継父は妹が起きないように彼女の口を押さえてレイプした。

「その時感じた痛みはまだ私の性器に残ってる。まるで昨日のことのように」

続いて継父は台所に行き、大きなナイフ片手に戻ってきた。

「私の首にナイフを当てると、母やほかの誰かに話したら私と妹を殺すと言った」

ルは六歳から八歳までその男に犯され続けた。母親が寝ている横で彼のマスターベーションの手助けをするために夜更けに起こされることもあった。夜が怖く、嗚咽やパニックの発作が起こった。どもりがひどく友達と遊ぶことも難しかった。クラスメートにどもりをからかわれた。おねしょを再びするようになった。その粗相のために母から体罰を受けたり継父から罵られたりした。学校でも一言も話さず、家では妹のそばから離れようとしなかった。

「自分には妹しかいなかった。私が怖かったのは、あの男が妹を殺して私を生かしておくことだった。男の声が部屋に入ってくるのが聞こえると、手が冷たくなり心臓の鼓動が早まり喉がつかえた。母に絶望した姿を見せないために路地に出て行くかトイレに籠らなければならなかった」

救いは角の居酒屋のビリヤード台の近くにいた嫉妬深い隣人からもたらされた。彼がその極悪人を二度刺したのだった。

埋葬の一週間後、ルは勇気を振り絞って母親に自ら体験した生き地獄を話した。

母親の反応は考えうる最悪のものだった。

「母は私を嘘つきと呼んだ。私と妹が自分の人生の禍《わざわい》だと言って私の顔をビンタした」

成長し、恋をすることなく娘になった。東部のジャルギン・ボンフィリオーリ近くの解体工場で働くようになった。そこで車を盗み密売に投資するグループと親しくなり一味に加わった。

近づこうとする男に対し嫌悪感を抱いた。それでもしつこくつきまとう男には決然と対処した。無理やり彼女にキスしようと迫った酔っ払いに対してそうしたように。

「リボルバーを取り出して、肩にぶっ放した。二発目が当たる前に従業員が外に連れ出した」

盗品売買に関わった罪で四年七カ月の刑を受けた。刑務所でヴァウデと知り合ったが、一目ぼれというわけではなかった。

ヴァウデ

レシーフェ大都市圏のジャボアタォン・ドス・グアララピスの郊外で生まれた。父親は飲んだくれで、彼女が歩き始める前にいなくなった。十歳の時、クラック中毒者たちの中に姿を消した母親を一人で捜し歩いた。一番上の兄は十六歳で密売に関わっていた。下の兄は十三歳。二人の稼ぎが家計を支え、ヴァウデは家事の責任を負った。

ある不透明な取引に関わった二人の兄は、ボア・ヴィアージェン海岸のベイラ・マール大通りから二街区のところで、バイクの後部座席の男に殺害された。二人ともまだ成人になる前だった。

その晩、三人の男が小屋の扉を叩いた。

「奴らはお兄ちゃんたちが隠した一・五キロのクラックを探していた」

ヴァウデが知らない——兄弟の生活やビジネスにはまったく関わっていなかった——と言っても信じ

ようとはしなかった。侵入者たちは家探しをした。

「何から何までひっくり返した。腹を立ててテレビを叩き壊した」

納得しなかった三人は、彼女の腕を後ろ手に縛って拷問を始めた。顎にパンチを食らった彼女はドアノブに頭から倒れこんだ。

意識が戻ると三人のうちの一人が自分の上に乗っかかっていた。何が起こっているのか理解するのに何秒間かかかった。その後、残りの二人が続いた。

叫び声を聞いた隣人が倒れこんでいる彼女を見つけた。体の下に両腕を縛られ、衣服は乱れ、頭は血まみれだった。

二人の兄と同じ運命を辿るのが怖くて、冷蔵庫のモーターに隠してあった七〇〇レアルを持ってサンパウロ行きのバスに乗った。町に着くと、東部の端のイタイン・パウリスタの従姉を訪ねた。彼女は夫と子ども二人とともに住んでいた。

従姉はベッド代わりにリビングのソファを貸してくれ、近所の店で清掃係の仕事まで見つけてくれた。生活が落ち着きそうに見えたある日、吐き気を覚えた。気分が悪く、朝になっても起き上がることができなかった。保健センターで妊娠していることが判明した。

「腹の底から嫌悪がこみ上げた。あいつら三人の子の母親になるの、って。医者を出た後、勇気を振り絞ってケネヂ大通りのバスの下に身を投げようとした」

殺鼠剤を飲むほうが少しはましかと考え直したところで、職場の同僚が引き留め、ある住所を教えてくれた。

一軒家のドアベルを鳴らした。わずかに開いた扉の向こうに汗をかいたとても太った男が現れ、用を尋ねた。ヴァウデは同僚から教えられた女の名を告げた。暗く息苦しい小部屋に通された。隣には二人の娘が座っていた。一人は十五歳にもなっていなかった。三人は沈黙に支配された。

処置を終えると帰途についた。バスが揺れるたび、腹に激痛が走り、うめき声が漏れた。

なかなか寝付かれなかった。夜更けにナプキンから太腿に血が溢れるのを感じて目を覚ました。家具伝いにバスルームに向かった。

朝六時、従姉が目を覚ますと、血の気のないヴァウデを見つけた。強い痛みと寒気に襲われ、髪の毛から汗を滴らせていた。二人は五街区歩いて大通りに出た。来るバスはどれも満員だった。軍警のパトカーが現れた。そのあたりの地区ではまれな青い鳥だった。

救急病院の待合室のプラスチックの椅子で二時間半待ったところで、視界が暗くなった。二度の掻把の後、ショック状態のヴァウデはＩＣＵに三日間収容された。抗生物質の投与期間を終えるのにもう八日間、病棟で過ごした。

家には一人で戻った。夕食では誰も口を開かなかった。全員が床に就いた後で従姉は彼女を家に置くことができないと告げた。夫婦は福音派のプロテスタントで、彼女が犯した「罪」を夫は容認しなかった。

翌日、清掃の職場に戻ると店はすでに彼女の後任を雇っていた。

恩着せがましく「人助け」だと言いながら店主がくれた金で、近所の下宿屋の一部屋の半月分の家賃を前払いした。部屋はもう一人――家主曰く「品のいい娘」――との共用だった。

その「品のいい娘」は市の中心街の洋服店やスーパーでの盗みで生計を立てていた。ヴァウデのキャリアはその娘の助手から始まった。利益の三割が彼女の仕事の分け前だった。頭の回転が速いヴァウデは数カ月もしないうちに一人で仕事をするようになった。

三度目の服役中にル・バイアーナと知り合った。ルは思い返して言う。

「ヴァウデのシャイなところとしっかりした歩き方に一目で魅了された」

「逆もまた真なり」とはならなかった。ヴァウデは

「ルがあたしを見つめていたのには気付いてた。でも女同士でどうかするってのはどうも抵抗があった」

どうしてもパートナーになりたかったルは彼女を厚意で包み込んだ。ヴァウデは思い出す。

「ルはお菓子やらチョコレートやら清涼飲料水やらを持ってきてくれた。マリファナやコカインまで。あたしはやらないけどどね。イヤリングやピカピカのプリントのTシャツまでプレゼントしてくれた」

ルの同房者が半開放に移った時、その誘いはクライマックスに達した。

「最初の晩、ルはあたしの手を取り髪を払い顔を撫でた。あたしの目を見てあたしの唇にキスをした」

ヴァウデは驚き、「逃げ出したかった」と言った。しかし彼女は優しくヴァウデを抱きしめた。

「体中に電気が走った。あれが女たちの言う『甘美』だってその時わかった」

45 口径のマリアジーニャ

マリーア・ダ・ピエダーヂはサンパウロ西部のピリトゥーバの外れの未舗装の通りで生まれた。両親と五人の妹たちと二部屋しかない家に住んでいた。家は通りよりも下に位置し小さな階段で出入りした。通りは天気のいい日は埃っぽく雨の日にはぬかるんだ。嵐のときは一家総出で家財道具を浸水から守った。ガスレンジ、冷蔵庫、洋服ダンス、そのほか動かせるものすべてを父がこさえた板の上に動かした。その板は、一つは壁の半分の高さに、もう一つは夫婦のベッドの上に中二階のように設えられ、姉妹はそこにマットレスを敷いて寝ていた。

マリーアは母親の右腕だった。八歳で妹のおむつを取り替え、服を洗濯し、料理も掃除も手伝った。朝は午前の部で学ぶ妹たちを学校に連れて行き、家に帰った後の午後には下の二人の妹たちに付き添った。

思春期になると近所の有力者の息子のホナウドと知り合った。その「有力者」は私が働いていた頃のカランギルに二十二年間服役していた。マリーアは七カ月後に妊娠した。

マリーアの父親はマラニャン出身で、二十年前にサンパウロに移り住んだが、スクピーラ・ド・ヒアシャオンの習慣や価値観に囚われていた。「家名を汚すような娘を生んだつもりはない、その子どもの父親と結婚しないのなら住む家はなくなる」と激怒した。

結婚する？　ホナウドは彼女と同じ十六歳だった。

「45口径のエイトルジーニョ」と呼ばれる恋人の父親が手を差し伸べてくれた。

「うちに来たらいい。うちは生活に困っちゃいないからな。息子と孫と暮らせるばかりか今まで持ったことのない娘までできた。長い牢屋暮らしの後にこんな幸せが待っているとはな。もったいないぐらいの話だ」

実際のところ、45口径のエイトルジーニョの暮らし向きは悪くなかった。隣の地区のサン・ドミンゴス公園の密売所のオーナーで、身なりも上品だった。折り目のついたズボンに紐付きの靴を履き、首には金のネックレスを付けた。住む家も三階建てで漆喰壁には塗装が施されていた。ダイニングルーム、複数の寝室があり、その一つには円形のベッドが置かれていた。浴槽、ホームシアター、屋上にはピザ窯にシュラスコ用の設備まで設えられていた。

ホナウドがコカインを使用するようになると父子の関係が悪化した。エイトルジーニョは、経験上、ドラッグがもたらす破滅的な力をよく承知していた。息子を諭し、口論し、小遣いもカットし、密売所の従業員を影のように随行させた。家から追い出すと脅しもした。自分がそうだったようにドラッグ漬けの無責任な父親を持つぐらいなら、祖父が子どもを育てたほうがましであると。

女の子は未熟児で生まれ、肺に問題があった。ほぼ一カ月、ヴィラ・ノーヴァ・カショエイリーニャの産院で過ごした後、退院の許可を得た。

エイトルジーニョは孫の到着に喜びを爆発させた。毎日のように子ども服やおもちゃを持って帰った。ほとんどが年齢には不相応であったが。孫が息切れの発作を起こしたときに、嫁と一緒に救急病院に走るのも彼だった。マリーアは実父には抱いたことのないたくましく愛情深い父性を彼に感じた。

父親からの叱責でホナウドはコカインの代わりにマリファナを吸うようになった。一日中吸い続けた。彼は郊外の若者の典型である「ないない族」だった。勉強もしなければ働きもしなかった。家計を支えたのはエイトルジーニョであった。

孫が七歳の時、祖父は競合相手の謀殺と五人の死者を出した復讐に関与した罪で告発され、捕まった。最初の訪問日である日曜日、マリーアは娘を連れて義父に会いにいった。義父は満面の笑みで二人を迎えた。孫を抱き上げキスをすると強く抱きしめた。

「義父の目に、それまで見たこともなかった涙が浮かんでた」

孫を周囲で遊ばせている間にエイトルジーニョは長椅子の嫁の隣に座り真剣な声で言った。

「娘よ、家族を俺の住む世界に関わらせないようどれだけ苦労したか。ご存じなのは神様だけさ。だが風向きが変わっちまった。俺は密売所の親玉で再犯者で前科も数えきれない。裁判官のペンもそりゃ重くなるさ。そのうち俺のショバも取られちまう。そしたら家族も飯の食い上げだ」

続けて言った。

「俺は息子に勉強してひとかどの人間になってもらいたかった。だが間違いだった。あいつは母親と同じ根性なしのへなちょこだ。俺はお前にショバを仕切ってほしいんだ。今はカショハォン〔「大きな犬」の意〕に任せてある。あいつがお前に調達者たちを紹介したり、どうやったらいいのか教えてくれる。俺は奴を信じちゃいるが、お前は信じちゃだめだ。奴だけじゃなく近づいてくる奴全員を。信じないってことがこの商売の肝なのさ」

カショハォンは親玉の期待通りに行動した。マリーアは、調達者たち、売人のチーム、半月ごとに取り決められた一万二〇〇〇レアルを受け取りにくる警官たち、コマンドの「兄弟たち」と知り合った。コマンドは警備とロジスティックスの支援の代わりに割り前を徴収した。

毎週末に義父に会わせるため娘を連れて通った。義父からは助言を受け取った。彼女は巧みに作戦を指揮し、義父から譲り受けた45口径で身を守った。義父からカショハォンを粛正する命令が発せられた。嫁は指一本動かす必要もなかった。

「今週は慌ただしいぜ。カショハォンが下手を打ったんだ。欲に目がくらんで義理やら用心やらを忘れちまったらしい」

カショハォンと三人の仲間は、ポンタ・ポランから到着する十キロのペーストを横取りするためマリーアを暗殺しようと企て殺された。彼女の名声は高まり、「45口径のマリアジーニャ」の異名が付けられた。

商売はますます順調だった。家を三軒、カイエイラス地方に別荘を二軒、ペルスに土地を三区画買った。同業者に目を付けられたり、警官から強請られたり逮捕時に押収されたりしないよう不動産はすべて妹たちの名義であった。

妹の一人であるカンヂーニャは九歳の娘ビアとマリーアの家から一〇〇メートル離れた同じ通りにある家に住んでいた。二人ともマリーアの娘が大好きだった。ビアは、隣の地区のブラジランヂアのスーパーマーケットのレジ係の母親とよりも従姉と過ごす時間のほうが長かった。

ある日の午後、カンヂーニャが姉に電話を掛けた。

「仕事で遅くなるの。ビアを迎えに行って、姉さんの家に連れて帰ってくれない？　一人にしたくないのよ」

マリーアは計算を終えると、夜間に販売する分のドラッグを量り、売上金を集め、売人に指示を出し、姪を迎えに行った。

ドアに鍵がかかっていた。鞄の中の鍵で開けようとしたが内側の鍵がかかっていた。格子越しに窓をこじ開けた。

おぞましい光景だった。ズボンを下げた男が、幅の広い絆創膏で口をふさがれてもがく少女の学校の制服を剝ぎ取ろうとしていた。

物音と開いた窓から入ってきた光にその卑劣漢は驚いて、少女を手放しズボンを上げドアに向かって走った。ドアを開けると45口径に出くわした。

「戻りな。話があるんだ」

姪は伯母の足にしがみついた。伯母はゆっくりと絆創膏を剥がした。

「いい？　もう大丈夫。伯母さんの家に行って従姉《おねえちゃん》と待っていて」

女の子が出かけていくとすぐに男は弁解を始めた。

「奥さんは誤解してるんですよ。俺は子どもと遊んでいただけなんだ」

45口径を握りしめたまま、銀河系でもっとも穏やかな声で勧めた。

「座ったら。聞きたいことがあるから」

座ったその瞬間に一発目。続く二発が左胸に炸裂した。

マリーアは45口径をブラウスの下のベルトに差しこんだ。家の鍵を閉めると姪の元へ駆けつけた。リビングの椅子に座って泣き続けていた。学校から帰ったばかりの従姉が抱きしめていた。姪の顔を洗ってやると、砂糖水を与えた。三人はパン屋に行きビアが一番好きなお菓子を買った。

妹に電話をかけて、家に行ってはいけない、理由は聞かないでと告げた。

「四人で夕食を食べましょう。あなたたちは今夜はうちで寝るの」

夕食を終えると、マリーアは二人の助手に電話をし、妹の家で会う約束をした。ハチミツ入りレモンバームのお茶を入れるとベッドの姪のところに運んだ。少女が幼い頃からのおなじみの物語を話して聞かせ、物音を立てずにそっと出て行った。

卑劣漢は発砲の衝撃で後ろにひっくり返った椅子の背もたれに寄りかかって倒れていた。床に流れた血はわずかだった。二人の助手は死体の両手両足を持ち、扉のすぐ前にバッグギアで停めてある車のトランクに入れるやいなや出発した。

45口径のマリアジーニャは、雑巾で血の跡を拭き取り部屋を片付けた。穏やかに眠りについたそうな。

この罪のことは一度も問われていないと言う。捕まったのは密売の罪だった。あの殺人のことで良心が咎めることがないかと尋ねると、落ち着いて答えた。

「いつも義父が言ってるとおり。『降りかかった火の粉は自分で払う』のよ」

強迫観念

アリーセは咳の発作がひどく同房者のいない房に移してほしいと訴えた。

「職員の方に説明したんです。私の咳があまりに激しく、傍らにいる人は眠ることができません。自分でさえそうなのですから」

サンパウロ郊外の言葉遣いが当たり前のこの環境で「傍ら」などという言葉を聞くのは違和感があった。ここでは時制はあいまい単数形も複数形もお構いなしなのだ。

睡眠不足で目が落ち窪み疲れた表情をしていたが、体の線は整っていて、四十歳を過ぎていることを示す皺もなかった。診察も治療も行わなかったために副鼻腔炎が慢性化していた。

彼女が再びやって来たのは処方した抗生物質の効果を確認するためだった。まるで別人になっていた。瞳は輝き、入るや否や笑顔を見せた。治療が適切であったことは一目瞭然だった。

「先生がもう一度来るようにおっしゃったので参りましたが、咳はすっかりよくなりました。まるで別世界です」

診察の終わりに到着時間と退出時間の証明書を求めた。雇われている企業に提出しなければならないからだ。

「解雇されたら困りますもの。まだまだ入牢生活は続きますから」

「刑は何年?」

「十八年です」

「そんなに?　まあもう一度座りなさい」

七歳の時、アリーセは修道女学校の奨学金選抜試験で一番を取った。その恩恵を裏切ることはなかった。中等過程を終えるまで通学したすべてのクラスで上から三番を下ったことはなかった。

大学入試ではサンパウロ大学の教育学部に入学した。朝五時に起きて八時からの授業を受けた。

二年生の時、休学を余儀なくされた。糖尿病の母と四人の姉妹を養っていた父が守衛の仕事を失ったのだ。

そうしてアリーセはある多国籍企業の人事部で働くことになった。両親と妹を養うのに十分な収入を手にした。

父の次の仕事が見つかった後も彼女は復学しようとしなかった。昇進して給料も上がっていたからだ。昇給分で引っ越ししようと考えた。

「ヴィラ・クルサのような危険な地域から家族を救い出したかったんです。妹たちはもう恋愛をしてもいい年頃だったけれど、犯罪者たちに巻き込まれるのが怖かった。妹の一人のジウマは性同一性障害で、あんなところにいたらどれだけ嫌な思いをするか知れなかったから」

ある日の午後六時、仕事中のアリーセに慈善病院から電話があった。ジウマがショック状態でICUに収容されたという知らせだった。

話がこの段になると目から涙が溢れたが声の調子は変わらなかった。

ある工事現場の前を通った時、一人の石工がジウマに声をかけた。立ち止まって答えようとするところを工事現場の中に引っぱり込まれた。首にナイフを突きつけられてレイプされた。

「最後に石工は気持ちよかったか、まだサパタォンを続けるつもりかなどと尋ね、その後で妹の性器にナイフを突き立てたのです。刃は子宮から腸にまで達していました」

アリーセは、救急病院で調書を作成した警官から、そのレイプ魔が行方をくらませたことを知らされた。目撃者もいなかった。

妹は手術を受けて十八日間ICUに収容され、同じ日数を病棟で過ごした。アリーセは休暇を取り一時も彼女の傍らから離れなかった。

退院の朝、妹を家に連れて帰った後、犯行現場に向かった。現場の親方は説明した。その犯罪者は働き始めたばかりの臨時雇いで、犯行後、姿を消したという。

親方と話をしている間に他の石工たちが近づいてきた。彼らも憤っていた。そのろくでなしはシフト交替の合間を悪用したと言った。日勤の職人たちが職場を後にし、夜間の警備員が到着する前の時間だった。呼び名はサルヴァドール、姓までは分からなかった。働き始めて一週間も経っておらず、登録もしていなかった。

アリーセがどこかにその男が写った写真がないかと尋ねると、石工の一人が携帯を取りに走った。

写真には居酒屋の小さなテーブルを前にして微笑んでいる犯人が写っていた。テーブルの上にはビール瓶が並び、横にはその携帯の持ち主とノースリーブ姿の三人の体格の良い女がいた。

許可を得る間も惜しんでアリーセはその写真を自分の携帯に転送した。礼を言ってその場を去った。その足で近くの密売所に向かった。そこの主人は母の友人の息子で、子どもの頃からの知り合いだった。リボルバーと弾薬を買った。

「その晩は恥知らずの笑顔が頭から離れず一睡もできませんでした」

翌朝、何着かの服を鞄に入れて、会社の仕事で出張する、長旅になると伝えた。

家族と顔を合わせないよう隣の地区のサン・ミゲウ・パウリスタの安宿に泊まり「十字架の道行き」が始まった。早起きして地域の工事現場を巡った。携帯の写真を見せて頼みこんだ。癌病院で死の縁にいる母がどうしても息子に会いたがっている、そのことを伝えるために兄を見つける必要があるのだと。

夜、疲労困憊で宿に戻った。満足に栄養も取らなかった。敵に復讐するという思いに心が凝り固まり、苦しみは癒えることはなかった。

「あの男がナイフを手に笑みを浮かべている悪夢を何度も見ました」

翌日も日が暮れるまで探し続けた。またその次の日も。

五週間も過ぎると所持金も尽きた。アリーセは通りで寝泊まりした。建物の庇の下や店の入り口の階段で眠った。バーで食べ物をねだったり、露天商の小屋の設営を手伝って代わりに食べ物をもらった。

レイプ魔を見つけるという考えに取りつかれ常軌を逸していた。

「そのこと以外には何も意味をなさなかったのです。生きるか死ぬかの強迫観念です。私は骨と皮だけになりました。相手の命が尽きるのが先か、こちらが尽きるのが先か」

捜索範囲を近隣の地区に広げた。工事現場があれば携帯を持って入り写真を見せた。武器は見せないようにして。道すがら小さな声で繰り返した。「あのけだものを見つけてやる……殺してやる……終わらせてやる……あのろくでなしの血筋を断ち切ってやる……」。最後のフレーズを発したら、順番を逆にして再び始めた。疲れることなく。

「何百回、おそらくは何千回と繰り返しました」

ある土曜日の朝、探し始めてから二カ月後、イタケーラのサンタ・マルセリーナ病院の近くのリフォーム中の一軒家の戸口で手を叩いた。彼女の応対をした塗装工が答えた。写真の男はそこで働いている。あいにくその週末は休みを取っていると。男の住所までは知らなかった。取るべき手は一つ。月曜日に再びそこを訪れることだった。

アリーセはすぐさま家族の家に戻った。彼女を見た時の両親や妹たちの反応を思い出すのは心苦しい。

「家族は涙を抑えることができませんでした。私がクラコランヂアに行ってしまったものだと勘違いをしてたものですから」

家族を抱きしめながら彼女は話した。辛かった日々のこと。頭から離れなくなった強迫観念。復讐心。雲をつかむような捜索のために失った仕事と時間への悲しみ。主イエス・キリストのご加護で彼女を苦しめた悪意や憎悪からようやく解放された。

月曜日、一番上品な服を着てイタケーラ行きのバスに乗った。リフォーム中の家の角、パン屋の前でバスを降りた。偶然、探している男がパン屋のカウンターに寄りかかっているのが見えた。通りを渡り、中に入った。カフェ・ラテとポン・デ・ケージョを頼んだ。男はコシーニャ〔ほぐした鶏肉と潰したジャガイモで作るコロッケ〕をつまみ、カシャッサを飲んでいた。アリーセは微笑んで話しかけた。

二人は午後五時、男の仕事が終わる時間に会うことに決めた。

彼女は一日中、その近辺を歩き回った。午後の終わり、約束の時間の二十分前にパン屋に戻った。男はコッポ・アメリカーノ〔ブラジルでもっとも一般的なコップ。縦に筋が何本も走っている〕の中のカシャッサを飲んでいた。一杯飲み干すと次の一杯を飲んだ。アリーセは彼女のアパートで音楽を聴こうと誘った。四十分も歩いたが男は彼女の気を引くための話に入れ込んでいて、時が過ぎるのも感じていなかった。ようやく路地の入口に辿り着いた。その奥には空き地が続いていた。

男は訝しがった。その辺りに建物などなかったためである。彼女はリボルバーを取り出すと、跪くよう命じ携帯を見せた。

「ここに私と写っている娘がわかるか?」

「誰だ?」

「お前がレイプした娘だよ」

「ああ！　けどあいつはサパタォンだったぜ」

「そう、私の妹。地面にキスをして妹に詫びるんだ」

彼は従った。十回繰り返すよう命じた。もっと気持ちを込めて、と。男は泣き始めた。命乞いをしたその時、一発目が腹部に当たった。二発目は胸部の右側に放たれ男は後ろに倒れた。三発目と四発目は至近距離から男の性器を撃った。

「しばらく動くことができませんでした。その卑劣漢の足の間を流れる血と苦しんでいる姿を呆然と見つめていたのです」

彼女は捕まるまでの二年間で五人のレイプ魔を殺した。この男が最初の一人だった。

パウレッチは血糖値の検査結果を持って現れた。空腹時の値が二〇〇を超えている。経口血糖降下薬を見直しインシュリンの分量を増やした。糖尿病は炭水化物を処理する体の機能不全から生ずると説明し、減量と運動、パティオでの散歩や階段の上り下りが重要であると言い聞かせた。運動の重要性を聞くと反論せずにはいられなかった。

「それができればいいんだけど……」

「なぜだい？」

「あたしの生活は房からバックミラーを作る企業の仕事場に行くのとそこから房に戻るだけ。ガレリーアにも出ないんだ」

「どうして？」

「神経に問題があるんだ」

「どんなふうに？」

「あたしは誰かに失礼な真似されると問答無用で飛び掛かっちまう。ここじゃ先生も知ってのとおり、コマンドの『姉妹たち』が喧嘩した者を許しちゃくれない。『結果』が下される羽目になる」

その「神経異常」は生まれつきだと言う。五人きょうだいの一番上で小さな頃に両親とミナスの奥地から出てきた。カパォン・ヘドンドでの生活は容易ではなかった。父も母も遠くまで仕事に出かけた。父は石工の手伝いで母はメイドだった。夜明け前に家を出て日が暮れた後で帰宅した。これは貧しい地区の住人たちのほとんどのままならぬ日常である。

サンパウロに来て勉強を断念することを余儀なくされた。仕事中の両親に代わり、料理をし洗濯をし、アイロンを掛け家を片付け、小さなきょうだいたちの面倒を見た。

「きょうだいたちはあたしを二人目の母親だと言っている。実のお母さんも認めてる」

十九歳の時、父を亡くし、知り合った恋人がパウレッチを密売の道へと導いた。

三年後、恋人が逮捕されると彼女が密売所を取り仕切った。彼女は自分の仕事が成功したのは犯罪の世界で重視される性格のお陰だと言う。

「あたしは慎重な女なのよ。なんでも『はいはい』言っちゃうような奴らとは違う。約束する前によく考える。後で吠え面かかなくて済むように」

しかしそんな分別ある態度も彼女の癇癪がかき乱す。いったん爆発すれば手に負えなくなる。

「誰かがあたしをコケにしたら自分を抑えきれなくなる。視界が真っ暗になって星まで見える。そっから先は何も目に入らなくなるんだ」

「何人殺したの？」

「何言ってんのさ、先生。命まで奪ったことはないよ」

「じゃあ素手でやるのかい？」

「ナイフを使う。刺すのさ。刺した奴はたくさんいるけど死んだ奴はいない」

「何人？」

「さあね」

「十人以上かい？」

「多分ね。でも全員が全員くずだった。口先だけのごろつきさ」

ある時、ボスに不平を述べた。クラックの配達人の一人が約束を破り支払いの段になってトラブルを引き起こしたのだ。ボスも彼女に同意した。その男は一味の他の供給者とも揉め事を引き起こしていたからだ。ボスはケリをつけるためにリボルバーを送ると言った。パウレッチは気分を害した。

「あたしは誰かの世話になるような女じゃない。それにリボルバーは嫌いなのさ。自分のことは自分で落とし前をつける。ナイフの刃先でね」

いざこざの彼女特有の解決法で捕まったり裁判を受けたりしたことは一度もない。十二年の刑に服しているのは、密売、犯罪組織の結成であった。彼女は同業者からも一目置かれていた。とくに競合相手や汚職警官との交渉の手腕において。

「ほかの密売所の奴らもあたしに警察と話をつけてほしいって頼み込んできた。あたしは向こうの要求額を尋ねる。そこから減額した分の三割があたしの懐に入るんだ」

詳細が決まると取り決めは履行される。万一その密売所のオーナーの支払いが滞れば彼女が自分の金でその取り決め相手に支払いを行う。未解決の負債の清算は彼女の言うところの『意見』が解決する。狡さが目に余ったり思慮の足りない奴らにはナイフも使うけどな」

三十歳にして子どもが一人しかいなかった。この子沢山の世界では異例であった。私が驚いてるのに気づくと彼女はもう妊娠はできないと言った。理由を訊いた。

「怖いんだよ。頭蓋骨が開いてる子どもはあたしには扱えないんだ」

生まれたばかりの子どもに授乳している時に初めてその声を聞いた。

「『その子の頭にビック〔ブラジルで一般的なボールペンのメーカー名〕を差し込んでごみ箱に捨てちゃいな』って」

「頭の中の声かい？」

「いや。あたしは命令の声を聞いたんだ。最初は小さな声で、だんだん大きくなって最後は叫び声になる。『そこの柔らかなところにペンを突っ込むんだ。さあ、何をぐずぐずしてるんだ！』って」

驚いた彼女は母親に助けを求めた。

「母さんは悪魔の声だって言って、あたしを教会に連れて行った」

礼拝で、牧師は彼女を信者たちの前に置かれた椅子に座らせた。両手で彼女の頭を掴み取り憑いたサタンを体から追い払うために叫んだ。

パウレッチはその経験が好きになれなかった。

「そいつはあたしの頭を首から抜けそうなぐらい引っ張った。サタンが出て行くように叫ぶたび唾が飛んできた」

悪魔祓いの効果もなく、赤ん坊に授乳するごとにその声はより高圧的な響きを帯びた。正気を失ってしまうのではないかと思い、保健センターの小児科医を訪ねた。医者は目を丸めて彼女の話を聞いた。すぐに精神科医に診てもらえるよう手配した。

パウレッチは行かなかった。

「行ったら医者はあたしを狂人にしちまう。そしたら子どもを取り上げて後見委員会に渡すだろ。息子はあたしの人生で一番大事なものなんだ」

夜明け前の四時に、家で一人、赤ん坊にお乳を与えていた。その時、その声がそれまでにない強い調子で聞こえた。

「『頭蓋骨にペンを突き刺せ。今すぐ突き刺せ』。耳をふさいでも無駄だった。あまりに大きな声だったので隣にも聞こえるだろうと思った」

パニックになって前の家に住んでいる伯母のところへ急いだ。尋常ではない彼女の様子を見た従姉が赤ちゃんを抱いてくれた。

「彼女が赤ちゃんを手に取るとその声は収まった」

従姉がいい考えを教えてくれた。

「『頭を見た時に悪魔があなたを苦しめるならお乳をあげるとき赤ちゃんの頭をおむつで包んだらどうかな？』って。奇跡のようだった」

それでもその奇跡は不完全だった。子どもがはいはいを始めると頭を隠すことができなくなった。

その問題もまた従姉が解決した。彼女が帽子を編んでくれたのだ。暑かろうが寒かろうがその子に帽子を被せ続けた。

「息子が帽子を嫌がったときまたあの声が戻って来たけど、ずいぶんと弱くなっていたし、あたしがほかごとに気を取られている時は聞こえなくなった」

頭蓋骨がくっつくと、声も収まった。

カランヂルの時代から売人たちに何度も言ってきた。不法薬物で儲けるのは薬物に触れたことのない出資者であり、得られた利益を洗浄する金融専門の代理人であり、破廉恥な警官たちだけだと。市中で殺されるリスクを冒しながら小さな商いをする売人にとって、その金は貧しさから脱出する幻覚を見させるかもしれないがその夢は牢屋の門をくぐる時に霧消する。

服役すれば、すべてがゼロになる。汚職警官の横取りや弁護士費用で金は無くなり、かろうじて残ったとしても、ライバルや司法、友人や親類の手に無情にも渡ってしまう。贅沢な生活を満喫した後で売人は日常的な窮乏に逆戻りし、さらに自由まで制限される。「自由」こそが失った時に初めて感じる大きな財産である。

少なくとも私の前ではすべての売人がこれに同意してくれる。そのような道に進んだことを後悔し、出所後はお金のかからないささやかな喜びを大事にするつもりだと言う。子どもたちとテレビで映画を見る。家族での昼食。病気の母親を助ける。パン屋でドアを背にサンドイッチを食べる。

パウレッチは同意しなかった。

「あたしには価値があったさ。無駄遣いする質ではないから母ときょうだいのそれぞれに家を買うだけの貯金もできた。家族は家賃の心配が要らない。堅気の仕事であたしがこんなことできたと思うかい？」

他の大半の四人と違って彼女には訪問客のいない週末はない。きょうだいたちは日曜ごとに交替でやって来るし、息子――もう十七歳になった――も二週間に一度は顔を出す。母も心臓病を押して月に一度はやって来る。家族全員が彼女を尊敬しているのである。

「母は言ったものよ。『からかっちゃ駄目！　放っておけばとってもいい子なんだから。ただきちんと洗礼を受けなかっただけなのよ』って」

きょうだいたちは母の忠告を忠実に守った。唯一、末っ子だけが一度、従わなかったことがあった。姉から叱られたときに悪態をついたのだ。

パウレッチは末っ子の腕を掴んだ。

「悪い子だね。あたしはお前の二人目の母さんだ。一人目はお前に命をくれたけど二人目は命を奪うことができるんだよ」

運び屋

ジャーニは二十二歳で、州西部の刑務所の門で捕まった。運がいい悪いの話ではないと言う。

「二年以上の間、毎週のように恋人にドラッグを運んでたんだ」

検査担当の職員が見て見ぬふりをしていたために発見が遅れたと確信している。通行料を請求されたかどうかを尋ねると
「一度もなかったわ。あたしたちを牢屋に送るのが気の毒だったのか、警察署に行って事件調書を作成し、その後で証人尋問されるのが面倒だったのか」

「君が疑わしくなかったってことはないの?」

「そんなわけないわよ。あの長い女たちの列の中の誰が三五〇レアル持ってるっていうの? 毎週バス代に食事代、宿代を支払うのよ。しかもジュンボまで用意して」

ジャーニは、マリファナ五〇グラムを刑務所内に持ち込むと三〇〇レアル、コカインは五〇グラムごとに六〇〇レアル受け取っていた。彼女の持ち込む量はそれほど多くはなかったと言う。もっとたくさん持ち込む女もいた。

「子宮の深さによるのよ。あたしのは浅いの。あたしの恋人の同房者の女はイースターエッグの大きさの巨大なコカインの包みが入ったって」

マルゴは三十五歳で初めて捕まった。背の高い黒人で目は緑、はっきりした話し方をした。十五歳の時、カランヂルで処女を失った。カーオーディオの窃盗と住宅強盗のジャサナンの恋人で、偽造業者に金を払い年長の従姉の身分証の写真を貼り換えてもらい、一九九〇年代の終わりにカランヂルの個別訪問のリストに入る許可をもらった。

ポルトガル人の露店商人の娘だった。父は、母と男女一人ずつの子どもと週に二晩だけ一緒に過ごした。それ以外の晩は別の女のところにいて、そちらにも三人の子どもがいた。

父は不在がち、母は日雇いの家事手伝いだったので、マルゴは愛情不足を強く心に感じて育った。愛情を示してくれたのは六歳下の弟エドゥだけだった。マルゴは母親のような献身ぶりで弟の世話をした。

「自分が味わうことのなかった愛情を弟にすべて与えたのよ」

ジャサナンと知り合ったのは彼が十七歳で、彼女が十三歳の時だった。昔風の玄関先のロマンスだった。恋人は働いてはいなかったが、いつも金を持っていて、彼女や弟にお菓子やアイスクリームをくれた。母親から小遣いをたんまり貰ってるという話だった。

十九歳の時、ジャサナンは近所の住宅に盗みに入り現行犯で捕まった。その後、カランヂルの九棟に送られた。マルゴはショックを受けた。恋人が泥棒だとは想像もしていなかったからだ。ヴィラ・グァラニでそのことを知らなかったのは彼女だけであった。

「ジャサナンがあたしのすべてだった。嬉しいとか悲しいとかあたしの気持ちを気に掛けてくれた。何か要るものはないかって尋ねてくれた。そんなことしてくれるのは他に誰もいなかった」

二カ月会えずに過ごした後で、刑務所の事情に通じた近所の女が身分証を偽造したらどうかと勧めてくれた。刑務所の男を訪ねる未成年の女がよくやる手口だと彼女は請け合った。

その身分証を持って、毎週日曜日、カランヂルの門の前で朝を迎えた。地区の家々の掃除をして稼いだ金で、菓子、パン、パスタの袋、ビスケット、清涼飲料水、タバコを買って差し入れた。

彼女が妊娠すると、父親は悪党の女を養うことなどできないと娘を家から追い出した。

行き場がなくなった彼女は恋人の母親を訪ねた。母親は家にいていいと言ってくれた。息子が牢屋から出て、仕事を見つけ新しい生活を始めるまで。

赤ちゃんは父親そっくりだったけれど肌の色がとても白かった。

息子の世話を退職した祖母に任せて、マルゴはセー広場から数メートルしか離れていないセナドール・フェイジョ通りの弁護士事務所で仕事を見つけた。仕事は楽だった。周りはそれまで会ったことのない教養ある人たちだった。パントリーを預かり、顧客や従業員にコーヒーを出した。たったそれだけで子どもの必需品、刑務所の恋人を癒す毎週の差し入れ、弟に渡すプレゼントを買うことができた。弟とは父のいない時、母の家でこっそり会った。

「エドゥは自慢の弟だった。クラスで一番で、エンジニアになりたがっていた」

ジャサナンが釈放されるとチラデンチスの住宅公社のアパートを借りた。息子は祖母のところに残した。

「彼女は孫のことが大好きだった。肌の色があたしたちよりずっと白かったからだと思う。近所に孫の肌の色の白さを見せびらかしてたの」

幸せは長続きしなかった。夫は盗みを止めなかったばかりか、カランヂルでクラックまで覚えてきた。非常識な時間に家に戻り、イライラし、いつも眠たがっていた。少しでも意にそぐわないことがあるとマルゴにいきり立った。金を持ってくることもあったが彼女の金を取り上げることもあった。

ある晩、家の食器を全部割ってしまった。近所の人が警察を呼んだ。その後、警察署から帰ってこなかった。ジャサナンに対する二件の逮捕令状が発付されていたためだった。

マルゴはほぼ一カ月の間、何も知らないまま過ごした。そしてポアの牢屋から密通の電話があった。そうして差し入れの食糧の袋を携えた「十字架の道行き」が再び始まった。

数カ月後、彼女は失業した。金がなくなり、家賃も滞った。ジャサナンは提案した。

「お前を助けるいい手があるぜ。ドラッグのムショへの持ち込みさ」

ある囚人の女を紹介された。その道の経験者だった。

「五〇グラムのマリファナを手に入れた。よく揉んで小さくしガムテープでくるんだ。ヴァギナ用のクリームで滑りをよくした。検査所を通ったけど、何も起こらなかった」

毎週日曜日、三年間、そのルーティーンを繰り返した。それで月に一〇〇〇から一二〇〇レアルの利益を得た。日雇いの家事の仕事の給金と合わせて息子の面倒を見ている義母と学業を続ける弟を援助した。

ある晩、ジャサナンから電話があり、彼女の名前を訪問者名簿から外したと告げられた。口論しても埒が明かなかった。ほかの女を好きになってしまったのだから。

「憎くて堪らなかった。こんなに尽くしたあたしをあっさり捨てるなんて」

次の日曜日、恋敵と一緒の男の前で騒動を起こしてやろうと刑務所に向かった。門で止められた。彼女の名は本当にリストから外れていた。

数日後、再び彼から電話があり、こんなにも自分を助けてくれた女を捨て置いたりしないと言った。

そして州都の牢屋で服役している友人の名を告げた。

「シダォンが運び屋を必要としてる。奴の女が、先週門でパクられちまった。お前の名前を名簿に入れておくって話さ。俺とやってた時よりももっと稼げるぜ」

恨みに突き動かされて、マルゴはその男に会いにいった。彼と関係を持ってもいいとさえ思っていた。

「復讐もそうだけどお金も必要だった。楽して儲けることに慣れちゃってたのよ」

会ったその日にシダォンが規則を定めた。

「扱うのはコカインのみだ。お前はドラッグを運んできたら俺の房で何時間か休むんだ。出入りは許さねえ。職員の目に付くからな。俺はすぐそこの外っ側にいる。お前はムショにいる仲間の前の女さ。コマンドはお前をここに入れることは許可したが、寝ることまでは許しちゃいねえ」

元恋人の予想は当たった。彼女の収入は月二五〇〇レアルに増えた。

そんな訪問を繰り返すうち、マルゴはある刑務官の視線に気付いた。

「彼が当直の時はあたしをずっと見つめてた。出る時も入る時も」

「君は応じたのかい？」

「無理。彼はハンサムだったけど、ムショの警官と関係を持ったなんて知れたら大ごとだわ」

ある日曜日、彼女が房で休んでいる時、シダォンがベッドの下の布製のスリッパを取りに来た。

「今はコカインよりも携帯のが儲かるんだ。スリッパの底を解いて、携帯とチップを二枚のカーボン紙でくるむ。電池は充電切れにしとくんだぜ。鳴っちゃまずいからな。靴屋に行って、もう一度縫い合わせてもらうんだ。念入りにな。そして差し入れの袋の中に紛れ込ませるんだ。捕まってもドラッグじゃない。大した罪にはならねえさ」

マルゴは検査所を通る時、いつもより緊張していた。やることが変わったためである。職員が、パンティーを脱ぎ、二つの台の間にしゃがみ、力を入れて咳をするように命じた。何もなかった。その後で、袋の中身をかき回し始めた。

「何て重いスリッパなの！」

金属探知機を通しにいった。証拠写真を持った同僚の職員と戻ってきた。あの男だった。

「あたしに色目を使ってたあの職員よ」

彼女とスリッパの周りを、職員と野次馬の訪問客たちが取り囲んだ。

「みんなに見られて恥ずかしいったらなかった」

検査所の責任者が事件調書を作成するのに誰が彼女を警察署に連れて行くか尋ねると、彼女に色目を使ったあの男が進み出た。

前のシートに座らされた。運転手と崇拝者の間だった。彼女は電話を持ち込もうとしたのは初めてだと誓った。

「嘘じゃないわ。三年間のドラッグのことは黙ってただけ」

青空市の前で車を停めた。パステウ〔小麦粉を練った薄い生地に具を入れて包んだ軽食〕を食べ、サトウキビのジュースを飲んだ。悲し気な調子で彼は咎めた。

「君が運び屋だったとはがっかりだよ。美しい君にこんなことさせるなんて。その男はどうしてそんな勇気があるのか。僕なら自分の女にこんなことはさせない」

その職員は警察署での細かな手続きまで付き添った。調査官や書記官とも話をした。そして警察署を後にした。

「地下鉄の駅で降ろされた。彼はあたしの電話番号を訊いてきた」

刑務所への訪問を止めるという条件で、二人は会うようになった。彼の援助で経済的な問題も心配なくなった。

マルゴは人生を変えることができるかもしれないと思った。新しい恋人の紹介で署名入りの労働手帳を持って働き始めた。ブラースでの既製服店での仕事だった。子どもと弟を連れてきて一緒に住むことさえ夢見た。

二度目の転落はシダォンの電話から始まった。

「五〇〇〇レアル稼ぎたくないか?」

土曜の朝早くロンドリーナ行きのバスに乗った。リュックにコカのペースト三キロを入れて、その晩戻ってきた。バスターミナルで切符を買って、カンピーナス行きのバスに乗った。

とてもリラックスしていて、居眠りさえした。バスが路肩に停まったときに目が覚めた。三人の警官が乗り込んできて、乗客の間を歩き始めた。警官たちは、彼女の横並びの座席の二人の若者を検査するため立ち止まった。

「その時、寒気がした。届け先の所在地を書いた紙を捨てるのを忘れてた」

シダォンは何度も念押しして指令を出した。なのにまだ紙を持ったままだった。名前と通りの番号を覚えておくだけで事足りたのだ。そうすれば押収されても口を割らなければ済む話だ。注文品の配達先につながるような痕跡もなくなる。

警官の一人が彼女がこっそりと鞄の中をまさぐっているのを見て質問した。「そこに何を隠してる?」

伯母の住所だと言い張っても無駄だった。カンピーナスの中心街にある警察署で事件の調書を作成中に、押収した紙切れに書かれていた場所を警察が取り囲んでいた。

銃撃戦が終わると、売人四人が死亡し二人が逃亡した。警官も一人撃たれて病院で死んだ。

この先どうなるのか見当もつかなかった。マルゴはその日のうちに刑務所に移送された。何故だか安全房の翼へと直行した。

理由も聞かされぬまま三日間隔離された後、診察所に呼ばれた。

ソーシャルワーカーが手にFAXの紙を持ってやって来た。弟の死亡証明書の写しだった。復讐のため処刑された。頭に二発撃ちこまれた。

「その日からあたしはただ生きてるだけになった」

法の名の下で

「運び屋」がどれほど危険であるかを明確に意識することなしにその活動に従事し、悲惨な結末を迎えたマルゴのような事例は数多くあるけれども、ブラジル中の刑務所に違法薬物を持ち込む何百、何千という女が減る気配はない。

しかしながら全員がプロの運び屋というわけではない。借金を清算しなければ殺されると泣きつかれた母親、妻、恋人、おば、祖母、姉妹が「使命感」で行っている。しかしながら、多くの場合はただの「脅し」に過ぎない。囚人はその薬物で内部の売人への自身の信用を確保したり、商品として売ることで利益を得たりしている。

刑務所内にはこのような犯罪で有罪判決を受けた女性が数多くいる。そのような女たちに服役している理由を尋ねると「三三条」と答える。罪は初犯でも通常四年に達する。

検査所を通過する際の恐怖や経験不足から発覚するケースも多い。何年もその任にある職員が見分ける方法を語っている。

「全員を捕まえるのは無理だとしても、検査を待つ列に目を凝らせば、落ち着きがなかったり青ざめていたり視線が泳いでいたりする女がわかる。私はそういう女に気付いた後も仕事を続ける。その後で見る。また見る。そしてその女の番が来る。『膣の中に何を入れてるんだ』と尋ねて、声と表情を探る。時には手を差し出してあいさつすることもある。その手が冷たけりゃ間違いない」

門で取り押さえられると警察署へ連れていかれ、その後で刑務所へ移される。その晩も次の日も家に帰ることはできない。ほとんどの子どもたちが置き去りにされる。年長の子どもが小さなきょうだいの面倒を見る。

ジョイセは南部のエンジェニェイロ・マルシラッキで、リサイクル関係の小さな会社の経営者との間に三人の子を儲けた。夫は野心家で、従業員を八人まで増やし、寝室が三つある家まで手に入れた。

再々ブラジルを襲う不況のためにその会社が倒産した。家、友人、車を失い、私立の学校に通う子どもを退学させ、親類から離れ、ヴィラ・ソーニアのエレベーターのない建物の三階の狭いアパートに移った。

ジョイセはジャバクァラの歯科医院で秘書の仕事を得た。働くのは朝八時から午後二時までがせいぜいで、それから家事を行い子どもたちの面倒を見た。

夫は大衆向けの化粧品工場のセールスマンとして働いた。彼の成功は瞬く間だった。六カ月後にはすでに新車、薄型テレビ、六口のガスコンロ、フリーザーを買い、寝室のマットレスを交換するだけの金を得た。学年が終わるのを待って、公立学校を退学し地区を変えることを決めていた。ジョイセは倹約することを勧めたが、彼は今が人生を楽しむ時で貧乏は過去の話だと答えた。

九月七日の祝日〔ブラジル独立記念日〕と週末を利用して、農場内のホテルで過ごすため車のトランクに荷物を詰めた。彼はスーパーに出かけた後、戻ってこなかった。

三日間探し続けた後で、一本の電話が鳴った。警察署からであった。

ジョイセは着替えることもしなかった。警察署長は、夫が武装強盗および装甲車、銀行、ショッピングセンターの貴金属店専門の凶悪犯罪集団の一味で手配中だったと説明した。

ガレリーアで夫を見つけた。憔悴し髭も伸び放題で、妻を見つめる勇気もなかった。ジョイセは夫にすべてを否定するよう懇願することしかできなかった。本当であるはずがないと。

彼女は、市の西部にある四つの過密の監獄から成る大規模なピニェイロス刑務所に夫を訪ねるようになった。数カ月経つと夫に突発的な行動や粗野な振る舞いが見られ、それまで自分の前では口にしなかった下品な言葉を発するようになった。

夫から負債を抱えており、支払わなければ必ず殺されるとどこかで聞いたような話を聞かされた時には呆然とした。

最初の何回かは結婚の時の代父と従兄に借金を頼んだ。彼女を助けてくれる経済状態にあるのは二人しかいなかったからである。頼める人がほかにいなくなった時、一〇〇グラムのコカインを持ち込むことに同意した。夫は、まもなく半開放への移動が許可される、これが最初で最後だと約束した。

彼女は逮捕された。警察署で夫の従兄に連絡するよう頼んだ。子どもたちを家に残したままだった。

一番年長の娘は十一歳だった。

私がジョイセと知り合った日、彼女は四年と少しの刑のうち十カ月を終えていた。子どもたちは誰が面倒を見ているのかと尋ねると、目から涙が溢れた。

「三歳の娘は夫の従姉、五歳の息子は結婚の代父母、一番上の娘は奥地の父方祖父母のところに……」

十カ月の間に訪問してくれたのは夫の従姉だけだった。母親を恋しがっている三歳の娘を連れてきてくれた。他の子どもたちの消息は手紙で知るだけだった。

さらに不幸なのは近くに家族を持たない者たちだ。子どもたちは他人の家にばらばらに預けられるか、後見委員会の責任下で施設に入れられる。年長の子どもがいて自前の家を持つ幸運を有している者は、子どもたちだけで一緒に住むことを望む。その時は十三歳か十五歳の子どもが家長になる。

このような女たちを何年も留め置くことで何の得があるのか？　全体のドラッグの量のうち、一人の女のヴァギナに入る分量にどれほど意味があるのか？　母や父が牢にいる中で育つ子どもの未来はどうなるのか？　どれだけ多くの子どもが同じ運命を辿ればよいのか？

毎週末、正門で捕まる運び屋の女は代替の刑ならびに行政上の制裁——州の刑務所への入構の禁止のような——を課されるべきだ。物《ぶつ》を受け取る囚人のほうが恩恵の消滅や刑の延長の罰を受けるべきである。

どのような解決策も現状——女たちは牢へと入れられ、子どもたちは危険な状態に置かれ、ドラッグを注文した囚人はキャッシュフローを維持するために別の運び屋を用意する——よりはましである。

クリスマスプレゼント

イネースは私の前に座ると、手で口と顔の両側を覆った。あたかもすべての歯が痛むかのように。どうしたのかと尋ねると、髪をかき上げて一瞬顔を晒すと、泣き始めた。

ガサツな女たちばかりのこの場所では不似合いな繊細そうな娘の顔に酷い痤瘡ができていた。両方の頬骨のあたりに広がり顎の周りにも固まっていた。くすんだ色でぷくぷくと膨らんでいた。その多くが化膿し膿が出ていた。恥じ入った彼女は小さなタオルでそれを拭った。

イネースの母親が三番目の相手と別れた後、母と四人の子どもはルス駅近くのボン・ヘチーロに引っ越した。娘は母親の迂闊さを許そうとはしなかった。

「三人の兄弟と、当時十三歳で人目を引く美人だった私を連れて、泥棒や売人だらけの一角に引っ越したんですもの」

その結果は悲惨だった。四人のきょうだいのうち一人は十九歳で殺され、もう一人はアララクァラで捕まり、彼女は州の刑務所だ。

「弟だけよ、堅気になったのは」

十五歳の時、イネースはビーナという小麦色の肌で緑の目をした若者に恋をした。彼はクレヴェランヂ小路の密売所の支配人のカピシャーバのところで働いていた。そこはサンパウロの伝統あるコラサォン・ヂ・ジェズース中等学校——私の父も叔父たちもそこで学んだ——の近くであるが、近年、市内でもっとも人数が多いクラコランヂアに取り囲まれてしまった。

野心家のビーナと相棒は支配人が二人を搾取してると結論した。通りで密売をして命を危険に晒すのは二人で、ボスはその上がりをかっさらっていく。

夜更けの二時、カピシャーバが売春婦とアウローラ通りの小さなホテルに入ろうとしたその時、オートバイの二人組が近づき、八発撃った。ビーナが五発で相棒が三発放った。

その所業は上層部の不興を買った。支配人にドラッグを納めていた配達人は、すぐに処刑すべきだと考えた。もしその罪を許せば次は自分ではないと誰も言い切れなくなる。

二人はクラックを売っていた角地で待ち伏せされた。銃弾の大部分を受けたのは相棒のほうだった。ビーナは足と腕を撃たれたが命は助かった。というのも倒されはしたが殺し屋の一人の胸を撃ったからである。神のご加護もあった。もう一人のリボルバーが運命の瞬間に変調をきたしたのだった。

傷を負ったビーナは、市内東部のペーニャに隣接するカンガイーバ地区の祖母の家に逃げた。二週間後、イネースが一人で家にいた時、一人の若者が玄関先で手を叩いた。恋人の従弟だった。

「ビーナがお前を連れてきてほしいと言っている。死ぬほど会いたいんだってよ」

すぐさま服を集めお気に入りの人形を手にし、母と兄弟に許してほしいと手紙を書き、幸せを求めて家を出た。

ビーナの祖母の家の奥の部屋での二人の生活は、ビーナの逮捕で終わりを告げた。ヴィラ・マチウヂのガソリンスタンドに強盗に入り警察とガードマンとの銃撃戦を繰り広げた。三人の中で彼一人が生き残った。

イネースは同じ家の同じ部屋にそのまま残り、その地区の雑貨屋の仕事を見つけた。毎週金曜日に恋人の好きな食べ物や買えるだけのタバコを入れた袋を二つ準備し、早朝のベレン暫定拘置所の門に赴いた。晴れようが雨が降ろうが、三年間一度もそのルーティーンを変えなかった。彼が釈放される日は、門の傍らで六時間立ち続けた。

ビーナは変わっていた。房の仲間の紹介で組織の一員になっていた。今度は服役中の仲間を助けるために上納金を支払わなければならなかったが、代わりにグループの保護や情報に頼ることができた。汚い通りでボロを纏ったノイアたち相手のちびた商売、信号での強盗、通行人相手の盗み、郊外の小さな商店への押し込みの時代は過去になった。犯罪大学で学位を取ったばかりの彼には夢があった。もっとたくさん稼いで、祖母の家をリフォームし、彼女に服やアクセサリーを与え、二人でバイーアのビーチを散歩する。百歳まで生きたとしても牢屋の彼を見捨てなかった彼女の忠実さを忘れることはない。

組織の助けでビーナは密売のヒエラルキーの序列を上がっていった。一週間に五〇〇グラム以上のコカのペーストを売った。その一部を彼とイネースが使った。イネースは彼に付き添う決心をした。

彼女も変わった。毎日、薬物を摂取するようになった。仕事も辞めた。洋服ダンスを新調し母親との絆も結びなおした。しかし幸せではなかった。ビーナが忙しくなりなかなか会えなくなったからである。一週間、何の音沙汰もなく過ごすこともあった。帰ってくるとマット・グロッソのビジネスで遠出しなければならなかったのだと語った。彼女が問い質したり文句を言ったりしようものなら、かっとなって出て行くと脅した。家の外でも別の問題が生じていたのである。

そのような遠出の後でビーナが夕食の前に家に戻った。めったにないことだった。

「優しくて繊細で、別人のようだった」

彼が受け取ることになっていた一キロの包み三つが警察に押収されたのだった。運搬の責任とリスクは彼が負うと決められており、清算不能な負債を背負い込んだ。とは言え次の手は打ってあった。その週にバス会社の社長を誘拐することになっていて、一〇〇〇万レアルの身代金が得られる手筈だった。彼と仲間三人はそれで大金持ちになれる。その作戦の後、二人はバイーア行きの飛行機に乗るつもりだった。彼の忠実な連れ合いの夢がようやく叶う。

グループに見知らぬ者を加える愚を避けるため、イネースを一味に加え、彼女が人質の食事を作り、見張りを手伝うことになった。

彼女がそんな計画への参加を受け入れたのは正常な判断力がなかったせいだと言う。コカインの摂取量がますます増えていたのだ。警察が監禁場所に踏み込んできて、人質を解放し、銃を使うまでもなく全員が捕まることになるとは想像もしなかった。

一味全員を乗せた護送車から降りる時に二番目の驚きがあった。

「彼はどうにかして私の近くまで来ると、小声で言った。『もし俺がこのヤマのボスだとばらしたらお前を殺すぞ』って」

私が診察した時には服役してもう八年が過ぎていた。その間、一世紀過ぎようが彼女を忘れないはずの恋人から手紙も電話も伝言の一つもなかった。犯罪の世界では悪党が愛する女に誓う永遠の感謝は、女が牢屋の門をくぐったまさにその瞬間に消滅する。たとえその犯罪がその男にそそのかされたものであっても。

痤瘡はイネースの人生の中のもう一つのドラマであった。顔のその病気のせいでシドーカとの二年の愛情関係が終わりを告げた。シドーカは彼女と三人の子どもと腹の中の四人目を捨てた夫の愛人を殺した罪で服役していた。イネースは自分の顔があまりに恥ずかしく、房に何日も籠ったままだった。髪を梳かすのに鏡も見なかった。棟の女たちも彼女が通ると声を潜め、感染を恐れて彼女から遠ざかった。

私は彼女の不調の原因を多嚢胞性卵巣症候群でないかと疑った。ホルモンの変調によりにきびができたり体の妙なところに毛が生えたりする。何年も避妊せずに性交を重ねても妊娠しない不妊を引き起こす。私は避妊薬と感染防止の抗生物質を処方した。

数カ月間に何度もイネースはやってきた。治療の効果で改善し元気になっていった。痤瘡もだんだんと乾きふくらみも治まっていった。小さな跡が残ったがその色もゆっくりと薄まっていった。房の外に出るようになった。自分の顔も見られるようになった。元恋人から復縁を迫られたが断った。

三カ月間、彼女に会わなかった。私は釈放されたか半開放の施設に移されたと思っていた。

クリスマスの十日前、診療所に顔を出した。その姿は一変していた。笑顔が弾け目が輝いた。顔はつるりとし、跡もなくなっていた。目元を覆い隠していた髪もバッサリと切っていた。

「こりゃすごい。綺麗な肌になったもんだ。顔を見ないもんだからもう出たのかと思ってたよ」

すっかり癒えたので診療所には戻らなかったと説明した。この日やってきたのは感謝を伝えたかったのと私に「メリー・クリスマス」を告げたかったからだった。

私の前に座り、テーブルの上に乗り出し私の腕に手を伸ばした。尋常ではない親密ぶりだった。

「先生。先生は私に新たな人生をくださったのよ。ここに初めて来たのは自殺未遂をした後だった」

袖を引っ張り上げると、左手首に平行に走る傷跡が見えた。

「先生がこんなに私にいいことをしてくれて、お返ししなきゃってずっと考えていた。何でも持ってる男性に、何も持ってない私があげられるものは何だろうって」

心配いらない、感謝の言葉と彼女の綺麗な顔を見ればそれで十分嬉しいのだからと答えた。彼女は諦めなかった。艶めかしい目つきで言った。

「でもプレゼントをあげたいの。私があげられるたった一つの物をあげるって決めてきたの」

耳にした言葉の意味を正確に解釈したと得心するのに数秒を要した。

早熟

ジェシカは、十歳の時に初めて私の名を聞いたと言った。カランヂルに服役していた父と二人のおじと祖父が私の講演を聴いたことがあったそうだ。

サンパウロの南の端で生まれた彼女は、その年、家族が分断されているのに気付いた。

「母方はみんな極貧で、父方は全員悪党だった」

身近に二つの世界がある中で、兄弟三人は母方の助言や指導に従い、父の一家に生まれた最初の女の子は犯罪の世界に引き付けられた。

「あたしの伯父や従兄たちはオートバイに乗り、ブランドの服を着て、パーティーを開いてた。クラスメートたちが誰も持っていないような物をプレゼントしてくれた」

母方の方は真逆だった。

「皆、毎日、満員のバスに乗って仕事に出かけ、日曜はベッドで休んでいた。馬鹿正直な人生で唯一の喜びは月末の支払いを済ませることだった」

父方の親戚全員が同じ仕事をしていたわけではない。

「半分が密売、もう半分が強盗だった」

十四歳でジェシカは天職を見つけた。

「商品を輸入して代金を支払い、客に売り払ってようやく金になる。あたしにはまどろっこしいよ。準備して、お務めに出かけて金を持って帰る。こっちがあたしの流儀さ」

十二歳にして興味津々だった。親類たちが強盗の計画の会議をしていればそこから離れようとしなかった。静かに聞いていたが、まるで映画を見ているかのように魅了されていた。

十四歳の誕生日の前に、年長の伯父からプレゼントは何が欲しいか尋ねられた。

「みんなと一緒に強盗がしたい」

伯父は、まだ小さすぎる、別の物を選ぶようにと言った。彼女は収まらなかった。従兄たちにも食い下がったのだが反応は同じだった。それでも諦めず、しつこく談判した。まだ幼さの抜けない行儀のよい少女が近づけば被害者は警戒しないという論拠で全員を説得した。

従兄二人が事務助手を募集する運送会社を襲撃する計画を立てた時、そのチャンスが訪れた。

新聞の切り抜きを手に守衛室に向かった。二階のマネージャーの部屋に連れていかれた。

デスクの向こうに男がいて伝票の山を計算する機械から目を上げようともしなかった。

「あまりに無警戒だった。リボルバーを構えて『金を出せ』というあたしの言うことが理解できないようだった」

いくらかの悶着はあったが、彼は立ち上がり金庫を開け金と小切手の束を三つ差し出した。彼女はそれを背中のリュックに突っ込んだ。

作戦を終えると、マネージャーをその部屋の小さなトイレに閉じ込め、階段を降り中庭を横切って、守衛室に向かった。門の向こうでは、従兄二人が、前夜に盗んだ車で彼女を待っていた。

守衛室を通るや否や「泥棒を捕まえろ」という声が聞こえ、運送会社の内部から銃声が轟いた。車の後ろにしゃがんだ従兄たちもガードマンに向けて発砲し、彼女が通りを渡り彼らのところに辿り着くのを助けた。

三人が車に入ろうとしたその時、弾丸がフロントガラスを砕いた。視界が遮られた車の運転手は、車の側面を二度ぶつけ、仲間が引っ越し用の小型トラックで待機する通りに辿り着いた。

荷台に座ると左の太腿が熱くうずくのを感じた。その時、初めて血だまりができているのに気が付いた。

救急病院へは教科書とノートの入った鞄を持って行った。伯母が付き添ってくれた。伯母は地域の敵対するグループの間で銃撃戦があり、学校から帰る途中、姪はその流れ弾に当たったと説明した。

ジェシカはブラジルの公的医療制度には感謝の言葉しかない。

「すごくよくしてもらった。医者も看護師も心の底から同情してくれた」

八十年以上の刑に服している。五十以上やった強盗のうち強奪行為一件と武装強盗四件の刑である。

ある暑い月曜日、ジェシカが診察に来た。処方箋を書き始めると、ジェシカが後ろに飛び退いて、椅子が倒れた。私も驚いたが、彼女の泡を食った表情から判断するに彼女の驚きのほうが大きかったようだ。彼女が私の肩のあたりを指さす理由がわかったのは私の首を這うゴキブリに気付いた時だった。

虫唾が走るのを感じながら、処方記録簿を振り回し苦労して叩き落とし踏みつけて退治した。ジェシカが落ち着きを取り戻すのにしばらく時間がかかった。

「先生、手伝えなくて悪かった。ヤツとだけはどうしても相性が悪いんだ」

クレイジー・ママ

カルテの長大な記録を見れば刑務所生活が長いことがわかる。中でも精神科の診察歴が長く四種類か五種類の要注意薬物を常用していた。背が低くでっぷりと太り声がかすれている。大儀そうな様子で入ってきた。愛想も何もない。いきなり言った。

「結核の薬が欲しいんだよ」

「誰があなたが結核だなんて言ったんだい？」

「みんなが防寒着を着てるときにあたしは脱いで、みんなが脱いでるときにあたしは着るんだ」

「もう少しわかるように話してくれないかい、お嬢さん？」

彼女は表情を変え目を上げた。意図せずただの習慣で「お嬢さん」と呼んだことで彼女の態度が和らいだようだった。

熱波は特に夜、彼女の体を苦しめた。汗が止まらなくなった後に「北極の寒さの悪寒」がやって来る。

「行ったことがあるのかい？」と尋ねると、あたかも笑ったかのように頬の筋肉が動いた。

そのような血管の膨張や収縮の症状はコッホ菌とは無関係で、四十八歳の女性であればただの更年期の前触れだと説明した。彼女を診察した後で処方箋を記入し、タバコを止めるように勧めた。カルテを閉じた時、彼女は口を開いた。

「先生があたしがしたことを知ってたら、そんなふうにあたしに親切にしてくれなかったろうよ」

「何をしたの？」

「プロの殺し屋」

「プロの？」

「先生は人の治療をして金を貰うけど、あたしは頼まれた人殺しをやって金を貰った」

彼女の話はこうだった。一九八〇年代の終わりにピアウイの奥地からやってきて、夫と六歳の息子と市内東部に住むようになった。イタケーラの外れに落ち着いて数カ月後、息子に高熱、喉の痛み、頭痛の症状が現れた。

「あたしたちには金もなかった。町の外れに住んでいたし町のこともわからなかった。髄膜炎の斑点が体に現れた時、はじめて助けを求めた」

子どもが死んで、張り合いを失った。

「自分のことも家のことも何もしなくなった。一日中、ソファの上で寝間着で過ごした。壁のレンガを見ながら麦わら一本動かす気にもなれなかった。食事も作らなかった」

心配した夫が近所の人に助けを求め、妻を保健センターに連れて行ってもらった。

「もっと悪くなった。薬漬けにされて、一日中興奮状態になった」

ある晩、二人の男がその地区にある夫が働いていた工場を襲った。一人が見張り小屋に発砲した。

埋葬は雨の日だった。立ち会ったのは彼女と会社の代表者だけだった。

「棺の上にかかった最初のシャベルの土の音を聞いた時、墓堀人に言った。『こんなことした奴が罰をうけないなんてない』」

無気力で落ち込んだ気持ちがこの罪を犯した二人組を見つけなければならないという決意へと変わった。

地区の警察署へ行った。何時間も待たされた後で調書は作成された、捜査を待つ必要があると言われた。三日後、同じように待たされ全く同じ説明を受けた。今度は声の調子が苛立っていた。

「あたしは適当にあしらわれていると感じた。捜査する？　誰も知らない貧しい北東部出身の男を殺した犯人を捜すだって？」

ファヴェーラの密売所の支配人のところへ行った。自分で問題を解決するための武器を買う決心をしていた。

「あたしの人生が再び意味を持った」

経験のない者がリボルバーを扱うのは危険だという理由でその売人は売るのを拒否した。その近辺は女性一人暮らすのは危険で怖いのだと言ったが無駄だった。

翌日も同じ答え、三日目も無駄足だった。何度通ったか知れないがようやく38口径と弾薬を手に入れた。何度も通ううち自分よりも年下の客たちとも親しくなり「クレイジー・ママ」として知られるようになった。

彼らとの話の中で、手がかりを見つけた。強盗の一人目は居酒屋のカウンターに寄りかかったまま死んだ。二人目は家の戸口でバイクに乗ろうとしたところを殺された。

「犯人は誰でどこに住んでるのかを見つけるのは難しかった。撃つのは簡単。鞄を開けてリボルバーを取り出すだけさ。青い目をした信心深そうな女が人殺しだとは誰も思わないよ」

最初の処刑を行う前の何分間かは彼女は恐怖と不安で震えた。その十五日後の二回目はもう違っていた。

「死体がバイクからずり落ちるのを見た時、世界の支配者にでもなったようなアドレナリンを感じたんだ」

その復讐劇は悪党の世界で反響を呼んだ。密売所の支配人は彼女を呼ぶように命じた。殺された二人の男が誰だか知っていたかどうかを確認したかったのだ。犯行を否定しても無駄だった。居酒屋の目撃者が説明した女の姿かたちは彼女と同じだったし、隣人が見たバイクの脇で瀕死の男を前に微笑んでいた女もおそらく彼女だった。支配人曰く、強い殺意を持つ者の犯行でしかありえない。冷酷な殺人者として名高い二人の悪党に一人で対峙する勇気がある女は誰なのか?

彼女がその犯行を認めも否定もしないうちに彼は結論した。

「クレイジー・ママ、俺たちにはあんたみたいな人が必要なんだ」

依頼は一週間もしないうちにやって来た。五〇〇〇レアルでパトロンの縄張りを侵した競合相手を始末してほしい。

彼女は仕事を急ぐことはなかった。その侵入者の恋人の一人に近づき仲良くなった。男はその娘の家に毎日午後遅くにやってくる。その時にはいつもの二人のボディガードが立ち会わないことも突き止めていた。

彼女がその娘と座って話をしていると、ジーンズにサントス〔サッカーチーム〕のシャツ姿のその男が入ってきた。冷蔵庫を開けたままビール瓶を片手で持っているところに背後から死が訪れた。

「あたしの二倍もあるあの太った男がビールを持ったまま倒れている。それを目にした時、またあのアドレナリンを感じたんだ」

その女友達を部屋に閉じ込めて家を出た。

「穏やかな気分だった。心の底から満ち足りていた」

四回目の殺人は二カ月後、夫に捨てられた女性からの依頼だった。

その後も依頼は続いた。

「一発目は頭。体が倒れていくのを見るために。そうするとあの全能感が蘇る。その後で平穏が訪れる。それが何日も続くんだ」

ヴァヴァ

ヴァヴァは女の顔をしているが仕草は男だ。

「いつも言うんだ。体を間違えて生まれたって」

脱色した髪は、側面は短く中央部はブラシ状に刈られている。ジェルで固められた髪は天を突いている。言葉は明瞭でスラングは使わず正しい文法で話す。

ヴァーリ・ド・パライーバの町の緑豊かな地区の一軒家で育った。町はサンパウロとリオデジャネイロを結ぶドゥトラ道路沿いにあり、その大きな家には前庭だけでなく奥の通りにまで続く裏庭もあった。幼少期に窮乏や虐待を体験している圧倒的多数の囚人女性とは何もかも異なっていた。抱えていたのはアイデンティティの問題だけだった。

「母は、俺が好きだったのは銃や弓矢を使った遊びで、人形を与えても腕を引っこ抜いて捨てちまったと言っている」

父親はパラ州南部の農場主で、家族よりも牧畜のために生きていた。ほとんど学歴もなくエネルギッシュでいつも指図していた。「俺は鋤の柄で育てられた」と自慢気に繰り返した。家で過ごすのは数日ですぐに農場に戻った。そこから三、四週間は農場に滞在した。妻はパラ州に女がいるのでないかと疑っていた。

ヴァヴァが六歳の時、母親が就学前教育の学校に呼ばれた。部屋には校長と教師と聖水器と杖を携えた神父が待っていた。少女には悪魔がいて、その悪魔がクラスメートの女の子の口にキスをさせていた。神父はその杖で少女から悪魔を追い払おうとした。

悪魔祓いの儀式を五回行った後、校長と神父は効果がなかったと結論し、解決策を精神科医に委ねた。

医者は、三十分間彼女と二人だけで話した。母親への答えは簡潔だった。

「手立てはありません。あなたの娘さんは男の心を持っています」

母親は納得しなかった。娘の心がそうであるなら変えなければならない。

何年も試みた。我慢して、もしくは我慢できずに。母親は娘が他の女の子と肉体的な接触を持つことを禁じた。通りでの子どもたちとのボール遊びも。長ズボンを履くのも。一番のお気に入りの遊びである凧を上げるのも。思春期になると近所の男の子の誰かと恋をしろと主張した。その助言はヴァヴァを混乱させるばかりだった。

「どうやって男友達と恋ができるんだろう？　自分はあいつらと一緒にいるのは好きだが興味があるのは女だ。同じ世代のほかの女たちのようなふりもした。母が悲しむ姿を見たくなかったし、父にばれるのも怖かったから。でも好きなんだからしょうがない。水は低いところにしか流れないんだ」

母親は彼女が一人で外出するのを許さなかった。女の子に近づくのを避けるためだった。従姉と一緒にでかけることでその問題を回避した。

「彼女は自分の恋人の兄を俺に紹介した。そいつが俺に気があると見せかけるために。気の毒にも母はとても喜んでいた」

この作戦はその男の子が彼女にキスし胸を触ろうとするまではうまく行った。彼女の反応は友好的でなかった。

「顔面に一発くらわせた」

その若者の腫れあがった目に動揺した従姉は叔母にその暴力のことを伝えた。落胆した母親は娘を呼んだ。

「もうどうしたらいいのかわかりません。これまで一人であなたの恥知らずに耐えてきました。今度からはお父さんに助けてもらいます」

ヴァヴァは神にご加護を祈った。父の粗野な性格から考えると激怒するだろう。彼女自身でも理解不能な性的嗜好をわかってもらえるとは思えなかった。

土曜の晩、三人はリビングにしかつめらしく集った。

母はこれまでの経緯を説明した。学校のこと。悪魔祓いの儀式。精神科医の所見。何年にもわたった助言、脅し、禁止。ヴァヴァは恥ずかしさのあまりずっと俯いたままだった。父は黙って聞いていた。

結論は簡潔だった。

「俺は女が好きでこいつもそうだ。いい趣味してるぜ」

父の同意は思春期の彼女の心にとって何よりも慰めになった。

「もう自分ではない誰かのふりをする必要がなくなった」

初恋は十八歳の時、既婚者で二人の子どもを持つ女の先生だった。生涯の友であり初めて本当の性的関係を持った女性であった。

十九歳の誕生日を祝うために彼女と秘密の恋人はシュラスコのパーティーを催した。町の中心から二〇キロのところにある家族が所有する別荘のプール脇で行われた。五〇人以上の招待客が訪れた。この出来事がその後の彼女の運命を変えた。

招待客の一人で一番仲のいい幼友達のマルキーニョスが、マット・グロッソにマリファナの買い付けの旅に出ると話した。サンパウロからバイヤーが到着するまでの二、三日間、その別荘にマリファナを隠させてもらえないかと言った。いかなる法的責任も自分が負う、自分はそこに頻繁に出入りし家族からの信頼を悪用したと答えるからと。

ヴァヴァは許可したのは頭がどうかしてたからだと言う。マリファナを吸ったばかりでそれが悪事だとは思えなかったのだ。面白そうだとさえ感じた。

その作戦はうまくいった。感謝したマルキーニョスは彼女に蓋にハチドリの絵が描かれた木の箱をくれた。その中には一〇〇レアル札が二十枚入っていた。

その箱を手にしたヴァヴァはその作戦の詳細を知りたがった。幼友達は車で隣国との国境まで行き、パラグアイ川沿岸のカセレスの小さなホテルに宿泊し、荷が届くのを待った。五〇キロの包みをトランクのニセ底に隠すと、眠気覚ましのアンフェタミンの錠剤を服用しマット・グロッソからの帰途につく。押収のリスクを減らすためサンパウロへ直接向かう。

ヴァヴァは次の旅行に随行してもいいか尋ねた。彼女が相棒になればメリットがある。運転を交代できるしハネムーン中の夫婦のふりもできる。

動機は？

「金じゃなかった。足りないものなどなかった。その話に興奮したんだ。田舎のつまらない暮らしから抜け出せるってね。冒険を体験したかった」

幼友達の二人はいい相棒になった。

「人の目をくらませるため一緒のホテルに泊まり、ダブルベッドで寝た。腕を組んで歩いて、『ご主人と奥様』なんて言われると笑ったもんさ」

より多くのマリファナを運ぶのに、より大きなスペースのある車が必要になった。彼女名義で実用車を買った。その後で小型トラック、ついにはトラックを買った。トラックには運送会社に運ぶユーカリの丸太を積み、その中にドラッグを忍ばせた。

別荘でマリファナをビニール袋に梱包し、五〇〇リットルの貯水槽の底に積み上げた。粘着テープで蓋をし雨水の溜まらない傾斜地に埋めた。

保管するのは、生産量が減り値段が上がる冬に確実に商売するためだった。

安全のため卸売りしかしなかった。

「俺たちには半ダースの顧客がいた。少なくとも五〇キロ、時にはそれ以上買ってくれて、奥地で売りさばく。この商売は関わる人間が少なければ少ないほどいいのさ」

手にした金を銀行に預けるわけにもいかなかったのでマリファナと同じく土の中に埋めた。金を洗浄し人の目をくらませるためヴァヴァは恋人と共同で洋服店を開いた。恋人は資金の後ろ暗い出所までは知らなかった。

「マルキーニョスとマット・グロッソに旅行するのは、父の農場の一つを管理し家畜を売り買いするためだと言ってあった。彼女はそれ以上知ろうとはしなかった」

共同で店を経営することは二人で一緒に過ごしたり旅行したりする完璧なアリバイを作り出した。サンパウロの中心街の25・ヂ・マルソ通りに買い物に行くときは、パウリスタ大通りの豪華なマクソウド・プラザ・ホテルに泊まり、高級レストランで食事をし、当時もっともしゃれていたイグァテーミ・ショッピングセンターをそぞろ歩いた。

「故郷の町では目立たないようにしてたけど、あっちじゃ誰も二人の仲をおかしいとは思わない。彼女の夫もまったく疑っていなかった。子どもたちを連れてディズニーランドへ行くのも許してくれたぜ。エグゼクティブクラスで行ってスーツケースを八個持って帰ってきた」

ある日、店に二人の若い女が現れた。「顧客」の娘たちだった。ヴァヴァは二人を店から連れ出した。何としても恋人には違法なビジネスとは無縁でいさせたかった。

前のパン屋で姉のほうが口を開いた。一週間前、父親が警察に捕まった。五キロ買うだけの金を集めた。それが売れれば弁護士の報酬を支払うことができると。

ヴァヴァが小売りはしていないと答えると、姉妹は泣き始めた。どうやって金を工面したらいいかわからない。父のビジネスには一度も関わったこともなかったし、自分たちを助けてくれる人を他に知らないと言った。

「気の毒に思ってマルキーニョスに電話し、五キロ分掘り出すよう頼んだ。奴は堅気に売るのは危険だと腹を立てた。多くの奴らがそれで失敗して牢屋に行く羽目になってる」

それでも主張を変えなかった。二人の父親は一番の上客で、約束を守り支払いが遅れたことは一度もなかったからだ。

姉妹は五キロ分をトランクに載せてサンパウロ行きの車道に入った。別荘から二〇キロも離れていないところで、不運にも後ろのタイヤの一つが釘を踏んだ。さらに不幸なことに、二人を助けようと路肩に停まったのは、偶然後ろを走っていた軍警の車だった。

二カ月後、マルキーニョスとヴァヴァが、木材を積んだトラックの荷台に八〇〇キロのマリファナを隠して別荘に入ってきたその時、警察が現れた。

警察署での取り調べは友好的だった。

「嘘をついても無駄だったんだ。姉妹が捕まってからずっと俺たちを見張ってたんだから。隠し場所は全部白状したが、売主の名前は言わなかった。埋めてある金のことも。当時ヴァーリ・ド・パライーバで最大の押収だったんで、ジョルナウ・ナシオナウ〔ブラジルでもっとも視聴されている夜のニュース番組〕でも放送された。マルキーニョスと俺が売人だったなんて町の誰一人想像もしてなかった」

ヴァヴァは警察署で母親と恋人に会った時のことを話すと涙を浮かべた。

「恥ずかしさと申し訳なさで死にそうだった。先生、二人は何も知らなかったんだ。愛する人を苦しめるぐらい悲しいことはないよ」

五年間服役しているが、密売に共謀の情状も加わってまだ刑の半分も終えていない。かつての恋人からは便りもない。

「彼女は警察に呼ばれて事情聴取を受けたんだ。深く傷ついたんだ」

刑務所でヴァヴァは黒い瞳でアラブ風の容姿のレイラと知り合った。北部のナイトクラブでベリーダンスを踊っていた元売春婦だった。彼女はヒモの男をナイフで刺して捕まった。

二人のロマンスは三年続いた。

「俺は『オリジナル』のサパタォンだ。ここでは女は選り取り見取りさ。だが俺はブリーフでも穿き替えるみたいに女を替えたりする奴とは違うんだ」

忠実なのは選択肢がないからではないと誇りを持って言う。

「牢屋の中の『オリジナル』は、望めば一時間ごとに違う女と付き合える。俺の女になりたいってしょっちゅう『ペペ』を受け取るぜ」

ペペとは囚人たちの間で遣り取りされる短い手紙のことだ。レイラが半開放に移されて以来、絶えたことがない。

「翌朝八時に、小窓の外にぶら下がっているタオルのポケットにパンを取りに行ったら、五十四通のペペがあった。俺がハンサムだ、話がしたいからこれこれの番号の房に来てくれだなんだと書いてある」

「五十四通だって！」

「先生は一時《いっとき》に五十四人の女から言い寄られたことあるかい？」

マリリーザの純愛

マリリーザは六歳で大人のように鍬を手にしていた。二人の兄と二人の妹と畑の仕事を止めたのは土地所有者が農場を売り払ったためだった。家族でサンパウロに引っ越した。

父の石工の仕事が見つかるまで伯父の家に泊めてもらった。その後で北部のペルス近郊のファヴェーラで未完成の小さな家を借りた。

マリリーザと妹たちは勉強し、兄たちは父の仕事を学んだ。しばらくするとその家を買うだけの貯金ができた。漆喰を塗って塗装を施し、部屋を二つ増やした。

家族の調和が崩れたのは、母が亡くなり悲嘆した父が酒に溺れた時だった。マリリーザは十七歳の自分に何が起きたのか説明できなかった。

「突然、意欲がなくなった。すべてが無意味に思えた。高校も二年で辞めた」

その後、その地区のどこでも簡単に手に入るコカインを吸い始めた。数カ月後にはコカインを買うために密売するようになった。きょうだいたちは彼女を説得したが、ドラッグやその世界と縁を切るには至らなかった。何よりも儲かったからだ。使う量は減ったが売る量は増えた。

「無駄遣いしてたわけじゃない。妹たちや兄たちや父を援助してた。父はカトリック教会に入って酒は止めていた。みんなあたしのやることには反対だったけど、あたしが持って行くお金は受け取ってくれた」

二十二歳の時に捕まり父は彼女と絶縁した。二十四歳で釈放されると一人で暮らした。二度とコカインを使うことはなかった。

牢屋でのコネや経験で商売はうまくいったが、取り締まりのせいで落ち着くことができなかった。

「警察とは手打ちをしなかった。一度払えば永遠に払うことになる」

取り立てから逃れるために、家から遠い東部のジャルヂン・エレーナの密売所を借りた。

一週間に商うコカインを一キロ一万二〇〇〇から一万五〇〇〇レアルで仕入れた。品質の落ちる「パケ」は一〇レアルで、混ぜ物の少ない「九九（ナイン・ナイン）」は二〇か三〇レアルで売った。どちらも利益率は一〇〇パーセントに達していた。

クラックの塊（一キロ）は九〇〇〇から一万レアルで買った。一〇レアルで売られるカプセルの利益率は一〇〇パーセントを超えていた。

身も心も仕事に捧げた。アジトに着くと午後六時ちょうどに密売所の営業が始まる。「蒸気」と呼ばれる流しの売人にドラッグを渡し、見知らぬ者の接近を監視する少年たちに指示を出し、警備の若者たちに命令をし、カプセルを作る女たちの監督をした。一晩中、追加の商品を仕入れに来たり売り上げの二〇パーセントを受け取りに来る売人たちの対応をした。夜が明けるとようやく帰宅した。

七時に寝て正午に起きた。朝食を取り、前夜の会計をし、夜のスタッフ用のパン、チーズ、モルタデッラ〔イタリアの伝統的なソーセージ。日本ではボローニャソーセージともいう〕、清涼飲料水を買い、ボリビアからドラッグを運ぶ卸し業者に連絡をした。

「密売もほかの商売と同じ。卸しから買って小売りで売る。きちんと管理しなければ利益は飛んで行ってしまう」

月曜から金曜は毎晩八〇〇から一〇〇〇レアルを持って帰る。週末はその額が三倍になる。月収は六万から八万レアルであった。

市中での大量販売には携わっていなかったので、在庫はいつでも下半身不随の女性の家に置くようにした。彼女には保管料として月一〇〇〇レアル支払った。警察もよもや彼女が犯罪に関わっているとは思わなかった。

「あたしはいつも尻尾を掴まれないようにしていた。『蒸気』をしょっ引くとドラッグの出所を探ろうとした。だけどこの業界の奴で口を割る馬鹿はいない」

プロフェッショナリズムや公正な振る舞い、支払いの正直さ、対話で争いを解決する知恵、近所の人たちへの気前の良さで競合相手までもが彼女に尊敬の念を抱いた。彼女も彼らとも誠実な関係を維持しようとした。

家族への気配りや援助も怠りなかった。兄や妹たちに家を買い、甥、姪たちに服や学用品、おもちゃを与えた。サンパウロに着いた時に助けてくれた伯父やコミュニティで困窮している人を助けた。父親が病気になると、関係を修復し、一度も止めることがなかった送金額を三倍にした。ようやく安息に辿り着いた。

「父は亡くなるまで愛や慰めに包まれた。毎日、父を訪ねた。病院までタクシーで連れて行ったし薬が足りなくなることもなかった。スーパーや青空市での買い物もした。介護してくれる人も二人雇った。夜間と昼間、一人ずつ」

仕事のことでも家族のことでもすることがたくさんあったので自分の時間はなかった。娯楽に出かけることもなかった。十七歳から二十六歳の間に恋人が二人できたが心許すことはなかった。

「こっちの人間しか知らなかったからね。妙なことに巻き込まれるのが心配だった」

二十六歳の時、三十五歳のコロンビア人フアン・エルネストと知り合った。サンパウロを拠点に運搬用の小型トラックでマット・グロッソからコカインを運んでいた。

「フアンのあの黒い目で見つめられた時、ビビっときた」

一週間一緒に過ごした。

「あたしの人生で一番幸せだった」

二十日後、サンタ・クルス・デ・ラ・シエラの旅から戻ると、彼は呼び鈴を鳴らして驚かせた。

「あたしを強く抱きしめ、ポケットからビロード張りの箱を取り出した。中に二つの金の婚約指輪が入ってた」

市内中心部サンタ・イフィジェニアの陸橋近くのアパートに引っ越した。生活状況が悪いわけではないのに彼女があの粗末な家にいるのを夫が望まなかったからだった。

彼女はその粗末な家を五〇〇レアル、密売所も二万レアルで貸し出し、夫と仕事をするようになった。彼女の仕事は、夫がブラジル人の協力者とボリビアから持ち込んだコカのペーストを売ることだった。組織内での地位が上昇していたので、パケやカプセルの売人たちと関わることもなくなった。顧客は選りすぐりのわずかな数で、少なくとも一人二キロから三キロ購入した。

ドラッグも取引きで得た金も家で保管していた。ファンはそのほうが行き来のリスクがなく安全だと考えていたが、在庫を手元に置かないようにしていたマリリーザは不安であった。

静謐な愛のある暮らしが続いた。

「旅から帰ると夫はプレゼントを欠かさなかった。初めての時とおんなじように」

その時期は緊急の受け渡し以外はできるだけ外出を制限し、アパートで過ごした。テレビを見たり、夫が母親から教わったコロンビアの料理を作っている間、台所で話をしたりした。

二〇一三年七月、とくに儲けの多かった旅の後でファンは一つの提案をした。

「愛するお前。こんな危ない橋ばかり渡ってたら金は何の役に立つんだい？　コロンビアに農場を買って子どもを作り静かに暮らそう」

家族と離れることにはなるけれどマリリーザはその考えに夢中になった。彼女も危険な生活には疲れていたのだ。エクアドルとの国境付近のアンデス山脈の中にあるパスト地方が夫の故郷で、そこで家畜を買いコーヒーを栽培する計画をした。

ファンは農場主の従兄の話を聞いて算段をした。大きな買い付けの売り上げをすべて投資するとして、三回の旅行で四〇万ドルは貯金できる。それだけあれば土地を入手し家畜を買い新たな生活を始めるには十分だった。

すべてが順調に進んだ。交通警察にボトゥカトゥ付近でトラックを止められるまでは。二度目の旅行の最後にファン・エルネストと協力者は、肥料の袋に隠したコカのペースト七〇キロとともに逮捕された。

警察がドアを叩いた時、マリリーザは寝ていた。彼らの許可を得て一番上の兄に電話した。夫とコロンビアに行くと伝えた。

六年八カ月の刑を受けた。刑務所では訪問客を受け入れず再び密売を始めた。房の戸棚のほぞ穴に隠してあったコカイン四〇グラムが押収され、懲罰房で三十日過ごしさらに六年の刑が加わった。

あたかも取り返しのつかない不運に襲われた人のような表情でその追加の刑について語った。ファンと再会する望みはどうしたの？

「そんなの……辛くなるだけよ」

ニッカ

ニッカの人生がまだ四十年だとは誰も信じられない。話を聞けば一世紀の間に起きたことだと想像するだろう。どうすれば一人の人間がこれほど多くの経験を重ねられるのか。

パラナ州北部の小農の家族で育った。八人兄弟の末っ子で父を亡くした八歳のときに畑の仕事を手伝い始めた。

農作業の厳しさに落胆した母親は、年少の五人の子どもを連れてサンパウロに移住した。ニッカはある家族の家で家政婦の職に就いた。十歳にもなっていなかった。

十三歳の時にその家を飛び出した。何が理由なのか今でもわからない。サンパウロ中心部の旧ボッカ・ド・リッショでもっとも有名なアウローラ通りの小さなホテルに向かった。

「その時のことはあたしの心から消えてしまったみたい」

ほぼ所持金が尽きた一週間後、ある旅行会社のオーナーと知り合い、出張旅行に一緒に行かないかと誘われた。ベロ・オリゾンチのホテルで彼は彼女を自分の姪だと紹介した。

「三日間、王女様のような日々だった。町中を観光してレストランで食事した。彼はこれまでした旅行のことや行ったことのある場所のことを話した。すごく紳士的であたしに触れようともしなかった」

夢はすぐに終わった。ニッカの母親がテレビ番組で娘の捜索を訴えたからだった。

ホテルの支配人から連絡を受けたその篤志家は、サントスに出張することになっていた旅行会社の従業員を呼び出し、サンパウロの母親の家にニッカを連れて行くよう頼んだ。

「彼はその従業員にあたしのことを『美しいけどまだ子どもだ』と言った」

サントスで海を見て、ニッカは魅了された。従業員が目を離した隙に逃げ出した。

一カ月間、他の子どもたちと通行人に物乞いをしながら、市中をうろうろした。砂の上で寝て、海水浴をした。ある日、仲間の一人が年長の三人の友達とリオデジャネイロに旅行すると言った。ニッカも付いていった。キリスト像が目に入ると車を停めてほしいと頼んだ。歩道に跪いてその自由な暮らしを感謝し神に祈った。

町をうろつき、夜はコパカバーナで寝た。一週間後、戻ることになった。ドゥトゥラ自動車道で、運転をしていた少年が、フスカ〔フォルクスワーゲン社ビートルのブラジルでの名称〕のハンドルがカーブになると引っかかると文句を言った。ニッカは、その時初めてその車が盗難車で機械のトラブルがエンジンの直結のせいで起きていることがわかった。

ヒッチハイクするために車を降りた。路肩の車の横にいる二人の女の子と三人の若者を見つけたトラックの運転手が手を貸そうと停まってくれた。フスカを捨て置こうとしていることに気付くと、運転手は口実を作って運転席に乗り込み、エンジンをかけ走り去った。

警察がすぐにやってきた。

小さな町の警察署で仲間と引き離された。その晩、ニッカは看守にレイプされた。

「十三歳で処女を失った。アルコール臭い奴に声を出さないよう口を塞がれて」

受難は三分にも満たなかった。

母親と兄の一人が、翌日、彼女を迎えに来た。恥ずかしさのあまり暴行を受けた苦痛を口にすることができなかった。

家族のところにいたのもごくわずかだった。

「もうあの生活には耐えられなかった。自由になりたかった」

再びサンパウロの中心街へ行った。

「夜の街の華やかさに魅了された。子どもだったけれどナイトクラブで踊り、ストリップ、ショー、売春をした。テレビ番組にも出た」

ナイトクラブで彼女の三倍の年齢の悪党に紹介された。彼はカランヂルの元同房者の十九歳の若者と同棲していた。ニッカに夢中になった悪党はその青年と別れ、彼女の家族のところに結婚の許しを貰いに行った。

ベシーガのサンバグループ「ヴァイ＝ヴァイ」のある街区近くのアパートを借りた。彼が盗みをし、彼女は家を守った。

関係は四年続いた。

「あたしは幸せだった。彼もあたしのことを好きでいてくれた。けどあたしのほうがそこまで好きじゃなくなってしまったんだと思う」

関係が壊れた時、悪党は母親の家に彼女を連れて行った。

「今日からニッカは自分の手を離れることになった」

もう成人だったニッカは夜の生活に戻った。そこでジュニーニョ・ド・ガチーリョと知り合った。彼もプロの悪党だった。娘が一人できた。彼がコマンドの一員だったので彼女は「兄弟」の女を表す「義姉妹」になった。

五年間一緒に暮らした。

「尊敬しあっていたしパートナーでもあった。彼から犯罪の奥底を学んだ」

あの時代を懐かしく思い出す。犯罪者たちの世界にも作法があった。

「女たちは全部丸見えのスカートをはいたりしなかった。バイレ・ファンキ〔ブラジル流ヒップホップが演奏されるパーティーやディスコ〕もなかった。今では、仲間の家に行くと、そこに結婚している妻がいても平気でシャツを脱ぐ。勝手に冷蔵庫からビールを取り出す。節度も何もなくなった」

最初の頃は、強盗の初めと終わりの「馬」が彼女の役割だった。強盗場所まで武器を運び、盗品を持って逃げる仲間を待つ役目である。その美貌も役立った。

「あたしはグループで唯一の女だった。着飾ってとってもきれいにして行く。警察もそんな女の車のトランクに武器庫があるなんて疑わなかった。人の出入りはあるけどこの一味は今も存続しているわ」

家電の配達の車、食事券を発行する会社、装甲車、バスの車庫、銀行の支店を襲った。最後に仲間たちへの支払いを行う。一〇から二〇パーセントは「豚の足（情報提供者）」に渡す。額は提供された情報がどれだけ役に立ったかによって変わる。残りを夫婦で折半した。

二人は金を浪費せず、武器に投資した。

「小銃、機関銃、38口径のリボルバー、様々なタイプのピストルを買った。六三三も二丁買った。弾丸は九ミリ、三二発発射の長い弾倉があり、連射と単射の調節ができる」

武器一切の保管は彼女の責任下に置かれた。資金が不足することはなかった。窃盗以外に別のグループへの武器の貸し出しというローリスク・ハイリターンのビジネスもあった。

「武器それぞれに賃貸料がある。リボルバー一つなら安い。小さな強盗や借金取り立て用。機関銃はもっと大きなヤマ用で、ずっと値も張る」

顧客の債務不履行のリスクは無視してもよい。

「強盗が失敗したら帰りにもう一回やる。金をかき集めるか借りるかする。腹をくくるしかないのよ」

「武器が警察に押収されたら？」

「それは賃借人の問題だよ、先生。弁済しなかったら？　残念ながらただでは済まない結果になる」

手に入れた金でニッカとジュニーニョ・ド・ガチーリョは奥地に精製所を購入し、ボリビアから輸入したコカインのペーストを粉やクラックに精製した。

ジュニーニョは旧カランヂルで服役した八年間がトラウマになっていて、牢屋には二度と戻らないと心に決めていた。そのためピストル二丁をいつも携帯した。

「トイレに行くときも持って行った」

ある日「豚の足」がサンパウロ奥地のジュンヂアイ近郊の中国人の密輸業者の情報を持ってきた。その情報提供者の従妹がそのコンドミニアムで家政婦をしていて、金庫には二〇万ドル以上の現金と宝石があると聞いた。

ニッカは強盗を手配した。カーザス・バイーア〔家電専門の大手小売りチェーン〕の配達トラックを盗み、コンドミニアムの門を入る。運転はジュニーニョ、助手席にクリップボードを持った彼女、荷台にバララウ、アンドレジーニョ・マンコ、元ボクサーのルイザォン・ナリース・ヂ・フェッホ。

強盗は成功した。一味の本部があった近くの別荘で、盗んだ金庫を叩き壊すと、中には七万七〇〇〇ドル、半貴石と一五万レアルがあった。

男たちは祝杯を挙げに近くのレストランに行くことに決めた。彼女は行かないほうがよいと主張した。胸騒ぎがしたのだ。

「あたしは彼らと一緒に行かなかった。八月にするヤマとあたしが生まれた四月のヤマ。この二つは何か嫌な予感がするのよ」

このヤマは八月だった。レストランの空き地に車を停めると警察車両四台に取り囲まれた。状況判断を誤ったジュニーニョは車から下りて発砲し、弾丸を浴びせられた。唯一逃げおおせたのはアンドレジーニョ・マンコだけだった。

ニッカは通夜にも行けなかったし、未亡人として喪に服す時間もなかった。翌日にはコマンドのメンバーになり、ビジネスの管理を任された。

「『義姉妹』をやめて、ジュンヂアイ近郊の規律担当の『姉妹』になった」

組織が要求する任務を遂行する能力があることを示した。

「初めに地域の幹部級の売人と悪党を集めて会議を開いた」

各地区に二人の規律係を任命した。彼らは命令が記された日々の「お達し」に従って役割を果たした。

校門でのドラッグの売買や公共の場所での使用を禁止し、地域の労働者や商店への強盗を止めさせ、クラブパーティーでの喧嘩を抑制した。さらにコマンドが正式に許可しない処刑も禁じた。それがたとえ現行犯で捕まったレイプ魔であっても。

「何よりも敬意と正義を重んじるのよ」

規律の維持のほかにも、逮捕された「兄弟」の家族やコミュニティの困窮する人々へのベーシックバスケットを届けることもその役目であった。組織の重要な収入源である「くじ」の資金の管理も行った。

「『スポンジ・ボブ（マリファナ）』と『IML（法医学研究所の略号、コカインとクラック）』の売人は、全員、我々が提供する警備に対して手数料の支払いを要求される」

抗争の解決や犯罪者の掟の適用における合理性ゆえにコミュニティから尊敬の念を得られるようになった。

「あたしの前までは、すべてが何でもありの中途半端だった。そこに自分の帝国を作り名声を得た。けど好事魔多しってやつ。それで刑務所に来たというわけ」

捕まったのはアンドレジーニョ・マンコ——あのレストランの駐車場での警察の待ち伏せで唯一生き残った「兄弟」——のせいだった。その一件でアンドレジーニョが警官の一人と内通していたことが発覚し、彼女にその裏切り者を取り押さえるチームを作るよう命令が下った。

その任務はとりわけ困難を伴った。というのもコマンドの法規には、いかなる場合であっても「兄弟」は「兄弟」を殺してはならないと記されているからである。その背教者さえも生きて捕らえる必要があった。裁判により組織から追放されて、初めて死刑が宣せられるのだ。

作曲家アドニラン・バルボーザが生まれたカンピーナス都市圏の町ヴァリーニョスのとある農園でのシュラスコに、三人の仲間とともにその敵を捕まえに行った。車の中には手錠と縛り上げるロープが積んであった。

「農場の入り口で車から下りた時、我々はまったく無警戒だった。まるで招待客か何かのように」

不審を抱いたアンドレジーニョは、四人が近づく前に先手を打った。

「こちらが『捕まえろ』と声を上げる前に、奴はリボルバーを取り出し発砲した。仲間の一人が頭を撃たれて死んだ。もう一人は背中を撃たれて半身不随になった。あたしも背中に食らった。弾は今もまだ残っている。ただ一人無事だったのはゼ・ネギーニョで、小屋の後ろに身を隠した」

敵を捕まえることは、彼女、ゼ・ネギーニョ、コマンドにとっての名誉の問題に変わった。ビジネスも個人の生活もすべてを打ち捨ててニッカは敵の捜索に専念した。規律担当と無線担当への毎日の「お達し」で、ニッカはアンドレジーニョに関するどんな手掛かりでもすぐさま連絡するように命じた。

農場での屈辱から四十日後に、逃亡者は西に隣接するオザスコ市のジャルヂン・ヴェローゾの従兄の家で夜を過ごしているとの情報を得た。

彼女とゼ・ネギーニョ、もう一人「兄弟」のヴィダウは、朝の五時にその家のある通りに車を停めた。

男二人はエレトロパウロ電力会社の制服に着替えた。

その家は漆喰も塗られていなかった。電気の配線は前の電柱に絡まっていた。屋上に作りかけの部屋があった。

七時に一人の女性が前のドアから袋片手に出てきた。ゼ・ネギーニョとヴィダウが呼び鈴を鳴らした。ニッカは車の中にいて仲間から合図があればすぐ駆けつける構えでいた。

突然の発砲音の後、屋上にアンドレジーニョが現れた。敵は辺りを見回すと、後ろの通りの家に飛び降りた。ニッカは逃亡者を負うべきか仲間を助けに行くべきか混乱した。

家の前まで車を動かすと、胸に血の跡を付けたヴィダウがゼ・ネギーニョの動かなくなった体を外へ引きずり出そうとしていた。

「ゼ・ネギーニョが死んだことに動揺が隠せなくなった。あたしの子分でまだ十九歳だった。この世界に嫌気を覚えたのはその時からだった」

逃亡者は、その三カ月後、サンパウロ州南部のモンガグァ海岸で騒動なく取り押さえられた。アンドレジーニョはビーチマットの上に体を伸ばし、目を閉じて日光浴をしているところを四人の男に急襲されて拘束された。隣に女がいた。彼女は三万レアルと引き換えに恋人をこの場所まで連れてきたのだった。

裁判により正式に組織から追放された後、裏切り者は処刑された。一〇〇発以上の弾丸を浴びた。その一週間後、警察がニッカの家のドアを叩いた。

「あたしのことは全部お見通しだった。精製所でいくら儲かっているか、誰に売っているかも。あたしがアンドレジーニョの捜索を指揮し処刑に加わったことも」

ニッカは私に人生を語ったその日から、ガレリーアで私を見ると長年の友人であるかのように微笑みかけた。ある時、タバコに火をつけたままやってきた。

「タバコを吸うのは止めるんだ。卑怯者になるだけだぞ」

彼女は驚いていた。私は、犯罪者の世界ではご法度の強く攻撃的な言葉を使ってしまったと思った。許してほしい、冗談だと言った。

「先生はあたしを助けてくれたんだ。謝ることなんて何もないよ」

「助けたって、何を？」

「あたしを診察してあたしの人生の話を聞いてくれたんだから」

特別房

刑務所の門をくぐると皇帝ヤシの木々が聳え、囲いの中でガーガーうるさいアヒルがいる中庭に出る。正面に中央の建物がある。左右二つの階段があり、上には管理部門と所長室がある。その下には格子の付いた扉があり、各棟の中へと続いている。建物本体から左側、少なくとも五〇メートルは離れたところに四階建ての孤立した建物がある。中の房は様々な目的で使用されてきた。死の脅迫を受けた者たちを守る安全房、刑務所で生まれた乳児のための房、より最近には特別房の翼がある。説明不能な特権だけれども法に明記されている。高等教育を受けた者が刑に服すための房である。

二〇一七年初め、特別房には約二十人の囚人が収容されていた。大半がコマンドの司法部門で行った不法な活動で有罪になった女たちである。

彼女たちは口を揃えて申し立てている。顧客との意思の疎通において法律が弁護士に保証するプライバシー軽視であり恣意的な逮捕の被害者だと。しかしこの弁明は反駁された。当局は電話を盗聴していて、最高警備の刑務所に留置されている依頼人から受け取った命令を、弁護士が組織の下部へ伝えるのを聴いていたからである。

二〇一三年に逮捕され、私が診察した弁護士の一人は、同年にサンパウロ州にいたコマンドの正式メンバー一万二〇〇〇人の名簿を事務所に所持しただけで服役していると嘆いた。

「顧客に便宜を図ることの一体どこが犯罪なのよ？」

二〇一七年現在で組織のメンバーが何人いるか尋ねると、彼女は答えた。

「四万から五万ぐらいでしょう」

少々多すぎるのではないかと疑問を呈したが、あっさりと否定された。

背の高いモレーナの弁護士は特別房のリーダーの一人で、盗聴で捕まったと語った。その電話で、ある顧客の所有物の鞄をサンパウロに持ってくることになった。

「私はサンパウロに来ることになってたの。ついでよ。中に八万レアルの現金と三キロのコカインが入ってたって。知らないわ。鞄には鍵がかかってたんだから」

サブリーナは、髪の短い肌の色の明るいモレーナで、悲し気な表情をしていた。彼女は組織犯罪には一度も関わったことがなかった。州の奥地で学校職員のエウラーリアさんに育てられた。未亡人でありながら彼女は一人娘を大学に行かせると固く心に決めていた。

教育学部の一年のときに妊娠した。恋人は大学の同級生で実直だった。

「責任を認めて、彼も私の家に住むようになった」

娘、婿、生まれた孫の生活を支えたのはエウラーリアさんだった。

夫婦は卒業するとすぐに就職し、近所の家に引っ越した。エウラーリアさんはすでに退職していて、朝から夕方、仕事帰りに娘が迎えに来るまで孫の面倒を見た。

サブリーナの生活は何事もなく続いた。夫が二〇〇キロ離れた町に転勤になるまでは。彼女は別居生活に慣れることができなかった。

「夫は月曜の夜明け前に出かけて金曜の夜にしか帰ってこない。互いに嫉妬心を抱くようになり束縛しあった。どこに行ってたとか、何時に着いたかとか、誰と話したかとか、いつもいつも。彼も私に嫉妬したし私も彼に嫉妬した」

喧嘩にならないように嘘をつくようになると、さらに関係は悪化した。

「どちらかが嘘をつけば相手の疑念が増していく。二年間の地獄の後で離婚した。彼はリオ・グランデ・ド・スルへの転勤を受け入れて再婚した。その後、彼は一度も息子に会っていない」

サブリーナは息子と母の家に戻った。六年後、ドイツ生まれで年齢も体の大きさも二倍あるエンジニアと知り合った。

六カ月後に結婚し妊娠した。エウラーリアさんが亡くなった一週間後に娘が生まれた。

母の助けが得られないので、サブリーナは仕事を辞めた。夫の稼ぎは悪くなかった。

「夫は正直で働き者だった。生活で不自由することは何もなかった。けれど一つだけ欠点があった。彼はすべてが自分の思い通りにならなければ気が済まない質だった。自分のやり方しか認めず自分だけが正しいと思っていた」

配偶者の几帳面さと融通の利かなさのために、彼女はいつも家を整然としておかなければならなかった。装飾品は家具の上の決まった位置に置かなければならず、壁の額も完璧に揃っていなければならなかった。タンスの中のハンガーも半袖のシャツと長袖のシャツを分けて掛けた。リビングにサンダルを置き忘れたり、新聞が乱雑だったり、本が棚にしまわれていなかったりすると大ごとになった。家政婦たちも何人も辞めた。

もっとも苦しんだのは、最初の結婚の子どものカルリーニョスだった。思春期前で学業よりSNSに興味があり、悪い点数を取るたび継父は激怒した。

「あの子を無能なろくでなし呼ばわりをした。立派な大人にしてやろうと町で一番高い学校に入れてやってるのに、恩知らずが恩を仇で返していると言った」

怠惰な継子への罰として、成績が良くなるまで友人との外出を禁じ、話しかけることもしないと約束した。

「夫は二カ月間、カルリーニョスの顔を見ようとしなかった。私は夫が帰るまでは二人の子どもと仲良く過ごした。ドアで鍵の音が聞こえた途端、カルリーニョスは急いで部屋に走った。まだ小さな娘も遊ぶのを止めた」

家の中の緊張を和らげるために、サブリーナは大学院への進学を決心した。もう一度仕事がしたかったのだ。夫も賛成してくれた。娘も一日学校で過ごすようになり、家政婦が家事をしてくれるので妻が一日中家にいて埒もないことを考える必要もなかった。

大学に戻ることで彼女の生活に新たな次元が開けた。

「再び勉強を始め、クラスメートに交じって笑えるようになった」

その時、ブラジル文学の先生が現れた。

「何から何まで完璧なその男性に感嘆した。教養もあり、礼儀正しく、誰にでも親切で。それにあの目ときたら……」

学期末の講義の後でその先生から軽食に誘われた。二時間後、軽食堂を出る時にサブリーナは恋に落ちていた。

隣町に至る街道沿いのモーテルで会うようになった。既婚者である二人にとって都合がよいのはいつも午後だった。

夫は妻の浮かれた様子を奇妙に思い、私立探偵を雇った。

ある晩、子どもたちが寝た後で彼は彼女の目の前でその探偵の報告書を読み上げた。そこには密会の場所、日付、時間が書かれていた。すべての詳細付きで彼女の服装まで記されていた。

サブリーナは恋をしていることを告白する以外の選択肢はなかった。離婚を申し入れると夫は笑った。

「お前とお前の息子にどれだけ金をつぎ込んだと思ってるんだ。はい、わかりましたで済むと思うか？お前はここに残って働くんだ。お前たちのために私が使った金を返済するまでな」

彼しか開けることができない金庫の中からノートを取り出した。そこには七年間の共同生活で彼が彼女と息子のために支払った出費が記録されていた。

「すべてが日付入りで記されていた。服、息子の学費、私の大学院の費用、クリスマスと誕生日のプレゼント、私が車に使ったすべての出費」

総額が通貨価値修正後で六〇万レアルを超えていた。夫は自分が気前がいいと言い張った。家賃も食費も請求していない。その分は家事と娘の世話をした代わりに免除しているのだと。

「私に愛人との関係を続けても構わないと言った。他の町で会うのであれば気にしない、ただし私と息子には地獄のような生活を味わわせてやると」

言ったことはその通りする男だった。寝室から彼女を追い出すと、さらに気難しくなった。すべてが彼女と息子を怒鳴りつける口実になった。着ている服。作法。言葉遣い。家の整理整頓。食事のたびに食べ物に文句を言った。苛立ちが頂点に達すると、皿の中身を流しにぶちまけた。

ある土曜日、彼女がヒレ肉からステーキを切り出していると、夫が台所に入ってきて彼女の手からナイフを取り上げ、壁に向かって投げつけた。

「私を低能と罵った。それは魚用のナイフだと言って」

サブリーナは床からナイフを拾い上げたのは衝動的だと言っている。胸に一突きだった。

陪審団はその犯罪が計画的だとする主張を採用した。婚姻外の関係があった事実が刑を重くした。二十二年だった。

話し終えると涙が顔を流れた。私は黙ったままでいた。人が泣きたいときには思う存分泣かせるのが私の流儀だ。

「ああ、一瞬の憎しみがこんな不幸を生むなんて。息子は世界で一人ぼっちになった。娘は祖父母とドイツに行った。そして私はここにいる。胸にナイフが刺さったまま倒れていた夫の恐怖に満ちたあの目つきに昼も夜も苛められながら」

シニーニャ

シニーニャ〔中国人女性〕という綽名は彼女の吊り上がった目に由来する。肌の色は小麦色だけれども。

父親は酒を飲み、妻を殴った――男女問わず刑務所で同じ話をどれだけ聞いたことか――が、彼女や妹には手を上げなかった。アルコールが入ると誇大妄想が現れて億万長者にもなれば豪華客船で旅行したりもする。素面に戻ると気分の悪さと激しい怒りが訪れた。

シニーニャが七歳の時に友人と小さな食料品店の奥の窓から忍び込み、チョコレートを盗んだ。タバコも持ち帰り、その時から吸うようになった。

十三歳で母を亡くした。

「あっちの世界の人たちとも付き合うようになった。父さんはあたしをズベ公なんて呼んでたけれど、あたしの処女を奪ったのは父さんの友達だった」

十五歳の時、父親がタンスの奥に貯金を隠しているのを発見した。少しずつ抜き取った金を集めて中古のリボルバーを買い、グループに入った。北部のピリトゥーバの貧しい地区のカンタ・ガーロのたった一つの公園に夜な夜な集まった。

ソウザ・クルース社の配達用のワゴン車を襲い、奪ったタバコを近隣のジャラグァやサン・ドミンゴス地区のバーやパン屋に半値で売った。

成人になると家を出て、積み荷強盗専門のマリーニョとゾイオ・トルト〔「斜視」の意〕の仲間に入った。彼女の役目は車道でヒッチハイクし、トラック運転手の目をくらませることだった。茂みの中から仲間が現れ運転席を乗っ取った。

「初めから終わりまで行儀のいい盗みだったよ。暴力もなけりゃ武器を使うこともなかった」

盗品はサンパウロとカンピーナスを結ぶアニャングェラ道路の近くの倉庫に運んだ。故買人は代金の代わりにマリファナの包みで支払いをし、それを三人で分けた。

半ダースほどの強盗をした後で、シニーニャは思想信条に反するとして方法を変えることにした。

「盗むために生まれてきたのであって盗まれるためじゃない。ペテン師にほとんど持ってかれちまう。あたしたちが車道で命を張って仕事したのに、金の色を拝むためにまた売人になれってのか。パクられちまうかもしれないのに」

やり方を変えるのに仲間を説得するのは難しくはなかった。彼女はすでにグループを取り仕切っていたからである。

五回目のスーパーでの強盗の際、前を通りかかったパトカーが妙な動きを察知した。

「ほんとに運が悪かった。来るのが一分遅けりゃ捕まることはなかったのに」

警察署で殴られた。妊娠六カ月目の同房者を守るため間に入ると、さらに殴られた。

女性刑務所で彼女も妊娠していることがわかった。恋人のハフィーニャは敵を殺して陪審裁判に掛けられていた。

刑務所内で出産した。四カ月後に父方祖父が男の子を受け取りに来た。

閉ざされた施設で五年務めた後、半開放に移ったが一週目に脱走した。

「息子に迎えに行ったんだ」

親権を回復するために犯罪と手を切ることにした。彼女は洗車場の受付の仕事を始めた。給料も安く、正規の契約もなかったが息子と一緒に建物の奥の部屋に住まわせてくれた。

三カ月後にハフィーニャから手紙を受け取り、カランヂルの彼を訪ねるという不幸な考えを抱いた。

身元が発覚し出口で捕まった。また三年、閉ざされた施設で過ごすことになった。

釈放されると息子に会いに行った。失業していた義父はプロテスタント信者の女性に息子を預かってもらっていた。

「子どもがその女性によく懐いているのを見た時、そこに置いてもらうほうがいいと思った。母親と一緒にいたってろくな未来が待ってるわけじゃない」

強盗に戻った。今度はヴァラエティに富んでいた。宝くじ売り場。住宅。レストラン。軽率な運転手。

景気づけにコニャックと「コンチーニ」で作ったマリーア・モーリを二杯飲んだ。

「今度は総合診察医になったってわけさ、先生」

ヘボウサス通りのピザ屋を襲った後で三人の仲間と盗難車で逃げた。追いかけてきた警察車両と撃ち合いになり顎に弾を受けた。

さらに六年服役し、半開放施設に移されるとまた逃げた。

三十八歳でもう十三年も刑務所で過ごした。行くところもなかったのでピリトゥーバのファヴェーラのマンヂオッカに小屋を建てた。

「バスルームもなく床は土。土曜に息子に会いに行くバス代にも事欠いた。盗むのにも警察から身を隠すのにも疲れたけど、あたしに何ができるってのよ?」

偶然が功を奏し彼女を高級時計の世界へ導いた。

イタインの軽食堂の強盗で客の一人から時計を奪おうとした。客は奪われまいと抵抗した。

「時計を掴んで、『後生だから』と泣きついてきた。リボルバーの撃鉄を起こして、頭に突き付けなけりゃならなかった」

盗品の山分けの際、共犯者の一人が叫んだ。

「すげえよ! ロレックスだ」

市の中心部の故買屋に二〇〇〇ドルで売れた。彼女の心に残ったのはその金額ではなかった。

「ピカピカ光る輝きだった」

数日後、彼女はファリア・リマ大通りの銀行や広告会社、商社がある地区のバス停に降り立ち、信号で車を見張った。後部座席の女の手首にその輝きを見つけるのに時間はかからなかった。リボルバーでガラスを叩いた。女はとても驚いていた。時計はお気に入りだと言って渡すのを拒んだ。鞄はいいが時計はだめだと。

「承諾したふりをした。ガラスを開けさせるためだった。ビギナーズラックってやつ。プラチナのデイトジャストだった。あまりの興奮に鞄のことは忘れてしまった」

三度目はさらに運が良かった。

「青と黒のディープシー。車一台分の値段だった。盗ろうと手を伸ばすと男はあたしの腕を掴んだ。もう少しで発砲するところだった」

年下のミナス出身の女と組んだ。二人組は犯罪のコラムやテレビ番組で「ロレックス姉妹」として有名になった。

時計のほかに助手席の下に隠してあった書類鞄を奪った強盗を最後に、このコンビは解消されることとなった。鞄の中には四万ドル入っていた。

「相棒は二万ドルを手にするとミナスに戻った。足を洗ったと思う。あたしはその後も色んなモデルを奪った。サブマリーナー、デイトナ、サブマリーナーデイト、デイデイト。純金のブライトリングも。これは八〇〇〇ドルで売れた」

両替所に行くわけにはいかなかったので、ドゥッキ・ヂ・カシーアスのオフィスで、一ドル一レアルで両替してもらった。

カルリートは、マリファナとクラックの混合物を吸う金を得るために、市の中心部のルーズベルト広場付近で通行人を襲っていたコソ泥だった。強盗の前に薬物を吸えば口の中に弾をぶち込むという条件で相棒にした。彼女は景気づけのためマリーア・モーリを飲む習慣をまだ続けていた。

ある午後、二人はペドローゾ陸橋のところで、いつも渋滞している23・ヂ・マイオ大通りの車列を見ていた。シニーニャはある車の窓から出ている腕に探している物を見つけた。カルリートは驚いた。

「あんた鷲の目を持ってるよ。指さされたって俺には見えない」

だが彼女は嫌な予感がした。

「23でロレックスだって？　しかも渋滞中に窓を開けて肘を突き出して？『やめたほうがいい』と言ったが、あいつは聞く耳を持たず、一人で行っちまった」

リボルバーを手に近づくや否や、ロレックスを手首に付けた警察の捜査官の自動式拳銃が至近距離から炸裂した。その衝撃でカルリートの体は隣の車のボンネットに吹っ飛んだ。

カルリートが最後の相棒となった。その後は一人で行動するようになった。場所はいつも9・ヂ・ジユーリョ大通りのトンネルとブラジル大通りの間の区間だった。

「町からトンネルまでは駄目さ。しょぼい時計しかない」

ある日、グロエンランヂア通りの近くのバス停で見張ったが成果はなかった。時刻はもう五時半で適当な時間ではなかった。

「ロレックスにいい時間ってのは午後三時。金持ちは渋滞前に帰るんだ」

家に戻るため隣の通りを渡ろうとした時、シニーニャは歩道の縁石に沿ってBMWを停めようとしている運転者の手首に時計を見つけた。

「彼が下りようとしたところをリボルバーを手に助手席側から入り、『時計をよこせ』と言った」

若者は反射的に武器を取り上げようとし、一発浴びせた。

何も盗らずに逃げた。何ブロックが進むと、あるバーに入り、気付けにマリーア・モーリを四、五杯飲んだ。

「酔っぱらっていた。どこから警官がやって来てあたしに手錠をかけたかもわからなかった」

警察署でその犯行以外に二十以上の事件の記録にサインした。反論もしなかった。

「強盗はみんな武器を持ってる。誰も殺したことがないなんて自慢気な奴には誰も抵抗しなくて運が良かったって言ってやる」

七十二年の刑を受けた。シニーニャは、若い者たちにロレックスには決して近づいてはいけないと忠告する。

「あの光は人を惑わすんだ。所有者たちも惑わされてる。だから抵抗するんだ。命より時計が大事だってな」

最後の強盗から十二年の刑務所暮らしで学んだことは？

「盗みは悪癖で、ロレックスは呪いってことさ」

今でも理解できない。泥棒たちを引き寄せる何千ドルもする宝物を身に付けて出かけるのはなぜか。何より、人の視線を支配し、顔よりも手首に人の目を引き付けるあの反射の魅力を。

捕まる前はいつでもバスの窓の近くに座って通る車の中の人たちの時計を見ていたと言う。ロレックスを見つけるとパニックに陥った。

「心臓がバクバクし手は冷たくなる。心臓発作みたいなもんで絶望的になった。深呼吸をして落ち着くためにバスを降りなきゃならなかった」

刑務所の生活にはうんざりし、生まれたばかりの孫と生活するためにも人生を変える決心はしているがまだその呪いに苦しんでいる。

「セレブがしているロレックスが見たいがためにテレビでアマウリ・ジュニオルのインタビューを見るのさ。この間はシウヴィオ・サントスのプレジデンシアル〔ディトナのプレジデント・プレス〕の夢を見た。プレジデンシアル〔「大統領の職」の意。かつてサントスは大統領選に立候補しようとした経緯がある〕までは盗まなかったけどね」

司会者のファウスタォンは？

「彼もたくさんもってる。だけどいくつかは偽物さ」

終章

私はブラースで生まれ、十歳まで住んだ。家の前には工場があり、その舗道で子どもたちは一日中ボール遊びをした。ボールはゴム製で力いっぱい蹴ると破裂してしまったが、すぐに古い靴下か丸めた古新聞で代用した。誰かが新しい本当のボールを買ってもらえるまで。

ブラースは灰色の町で毎日の生活は工場の汽笛の音がその合図になっていた。工場は移民たちを引き寄せた。移民は戦乱のヨーロッパでは見つけることができない仕事や平和を求めた。その人的風景を騒々しく支配したのはイタリア人だった。ポルトガル人やスペイン人も多かった。私の母方祖父母はポルトガル人、父方はスペイン人だった。

ほとんどの家族が集合住宅に住んでいた。廊下に沿って部屋が配置され、その奥にそれぞれの台所、共用のバスルームと洗濯場があった。洗濯場の占有を巡って女たちは喧嘩をした。喧嘩が始まると、子どもたちは急いでサッカーを止め、舗道から絶叫や罵り合いを鑑賞した。

男たちは新聞紙でくるんだ弁当を手に朝早く仕事に出かけた。中には夫に温かな食べ物を届けたい女もいて、正午のサイレンが鳴ると夫のところへ届けた。七歳の私は女たちから弁当の配達を請け負った。私が初めて金を貰ってした仕事だった。そのキャリアは父にばれて終わりを告げた。「ごたごた言うとぶん殴るぞ」と脅された。

父は三十三歳で妻を亡くした。背広にネクタイ姿で経理の仕事をしていた。二つの会社で働いていた。朝八時から夜中の十二時まで。昼食の時間を除いて。父親は頑固な男で、三人の息子を大学に行かせると決めていた。その意志は工場で就労可能な十四歳になると男児は退学してしまう工員たちの世界と何光年も離れていた。

母が死んだのは四歳の時で、その後は私の友人たちが味わったことのない街中での自由が待っていた。ブラースは製造業の町だったが十を超える映画館があった。中でもハンジェウ・ペスターナ大通りのピラチニンガはラテンアメリカ最大であり、セウソ・ガルシア大通り——東部の地区への唯一の通り道——のウニヴェルソは、夏の夜、贅沢にも屋根が開いた。

ジョアン・テオドーロ通りにはシネ・ヒアウトがあり、そこの支配人は祖母の従弟だった。親戚のよしみでただで入れてくれて、十四歳まで禁止されていた映画を見た。戦争や監獄の映画を初めて見たのはヒアウトで、その魅力は今も色あせず私の中に残っている。

私たちの部屋の隣に父の従弟のコンスタンチーノ叔父さんが妻のレオノールと息子のフラーヴィオと一緒に住んでいた。コンスタンチーノ叔父さんとは楽しみを共有した。サッカー、裏庭でのカナリアの飼育、ヘコルヂ放送で毎週金曜の夜九時に放送されるラジオ番組。
それが母親たちが子どもが聴くのを禁じていた『犯罪は割に合わない』で、新聞記者で作家のオズヴァウド・モーリスの制作・脚色だった。プレゼンターは一九四〇年代と五〇年代に屋根から家に侵入した伝説の怪盗ジーノ・メネゲッチを捕らえたことで名声を博した警察署長だった。この番組でいつもきまって「勤勉なサンパウロ警察に逮捕される」犯罪者の役を演じたのがアドニラン・バルボーザだった。有名な曲『サウドーザ・マロッカ（懐かしきあばら家）』や『トレン・ダス・オンゼ（十一時発列車）』の作者である。

テレビのない時代で、ブラースではラジオを持っている人もほとんどいなかった。コンスタンチーノ叔父さんは、家に友人を集めてその番組を聴いていた。私はその中で床に座っていた。うるさくしないのがその場にいる条件であったが、そのような注意はまったく無用だった。翌日、私は子どもたちに囲まれ、その犯罪の話を語って聞かせた。私が覚えていた登場人物の声色で。

当時のサンパウロの犯罪は痴話げんかのもつれ、混雑したバスや市電の中のすり、バーでの暴力沙汰、夜中に住人を起こさずに侵入する泥棒程度であった。

もっとも大胆な悪党が脱獄王セッチ・デードス〔「七本の指」の意〕、プロメシーニャ〔「小さな約束」の意〕、ルス・ヴェルメーリャ〔「赤い光」の意〕、ボッカ・ヂ・トライーラ〔「ほら吹きの口」の意〕、アンパーロ・メトラーリャ〔「援助射撃」の意〕、名高きアムレット・ジーノ・メネゲッチで、彼らのことは四十年後のカランヂルでもたくさんの逸話を聞いた。

一九五〇年代終わりに、暗黒街に悪玉のギャングが現れた。強盗、密貿易者、ボヘミアン、マリファナとアンフェタミンの売人、売春宿や賭場の搾取者が混じっていた。有名なのが「ボッカの王」イロイート〔ヒロヒトのポルトガル語読み。日本の昭和天皇の名を取った〕、キンジーニョ、45口径のネウシーニョ、ブランダォンジーニョ、マリニエイロ〔「水兵」の意〕などで、ボッカ・ド・リッショ地区のヴィトーリア、サンタ・イフィジェーニア、グズモンィス、アンドラーダス、プロテスタンチス通りの近辺に集中した。

それほどまでに犯罪者の世界に魅了された私は、十二歳の時、窓から抜け出して、夜の静けさの中、市電に乗り、ジョアン・メンデス公園で降りるとボッカまで急いで歩いた。セックス目的ではなかった。金もなかったし、店の戸口で「坊や、寄っていきなさいよ」と声をかける女たちに近づく勇気もなかった。

あまりの恐怖にバーの外で立ちすくんでしまった。中では男たちの傍らに胸元が開いたブラウスを着、濃い化粧に赤い口紅の破廉恥な笑い声を上げる女たちがいた。ビールを飲み、タバコを吸い、ネウソン・ゴンサウヴェスの流行歌が流れる中、ビリヤードテーブルでは賭けが行われていた。

一九六〇年代のサンパウロは仕事を求めてやってくる国内移民の波に襲われていた。ラテンアメリカ一の成長を誇るこの町に国中から人が押し寄せた。

近郊――とくに東部や南部――は無秩序に膨れ上がった。町やコロニーが一夜にして現れた。この時期の人口増加は年平均三〇万人にも達した。

貧困、無学に加え、下水設備、街灯、学校、医療施設、警備も不足した。労働市場へアクセスの見込みのない多数の若者が出現し、これらが当時はまだそれほど表に出ていなかった都市の暴力が広がる温床となった。我々は人格のない犯罪の時代に至ったのだ。セッチ・デードスやメネゲッチ、イロイートのような男たちに代わって名もなき犯罪者たちが現れた。

一九七〇年代の終わりにギャングがコロンビアやボリビアからコカインを密輸するルートを確立し、値段が下がると同時に市中に広まった。

一九八九年、私がカランヂルでの仕事を始めた頃の流行りは血管へのコカイン注射で、この摂取方法は一九九二年まで存続した。その年、クラックが都市近郊に達し、刑務所にも侵入し囚人のヒエラルキーと倫理観を一変させた。

その収益に加え、密売を効率化する必要から密輸、配達、販売、資金洗浄が分業化し、組織の結成を促した。同時に抗争や銃撃戦、縄張り争いが発生するようになり、二十年後にはブラジルの北部や北東部の刑務所で敵対する組織の囚人たちを斬首したり四つ裂きしたりする蛮行が頻発した。

犯罪のこれまでの軌跡の中で犯罪者たちによって課されてきた古い馴染みの秩序が新たな秩序に取って代わられた。それは没個人的でとりわけ市場原理に基づいていた。これに従えば、人は使い捨ての部品になり原価の安い物に取り換えられる。今や、悪党が上司の言うことを聞き、思春期を終えたか終えないかの若者が死の危険に晒され、自分の命も他人の命と等価値の時代になっている。

都市の暴力は伝染病であり、その病因は複数の要素から成る。前世紀以来、他の伝染病の原因と結果についての研究は大きな科学的進歩を遂げたが、この伝染病の研究は不十分だ。新たな現実を前に我々の刑法は古くさくなった。社会を揺さぶりメディアの関心を呼んだ犯罪により生じた熱狂の中で新たな法が可決されたけれども、それまでの経験や専門的な判断基準は考慮されていない。

貧困が我々の都市部での暴力を説明するものではないとする議論は聞き飽きた。インドの事例を引用したものだ。何億もの貧者がいるが犯罪率は比較的低い。その通りだろう。だが、この問題の別の側面を分析するのも有意義である。

おそらく科学的な方法論で行われた研究により実証されている唯一の都市暴力の見解は、リスク要因を基とするものだろう。要点は三つである。

一、幼児期のネグレクト。子どもが家族の支えや関心、愛情を得られず、虐待や攻撃にさらされる。

二、確たる指導の不在。思春期の子どもに対する歯止めがない。

三、犯罪世界に関係する身近な人間の存在。

ブラジルの都市郊外の地域の何百万人の子どもや若者の生活にそれらの要因が存在しているとすれば、我が国の犯罪者の数が現状程度で済んでいるのは驚くべきことだ。

この研究が過去二十年の犯罪の増加を貧困に帰するものではないと示しているとしても、他方でこれらのリスク要因が貧困層に蔓延っていることははっきりしている。

漆喰の塗られていない家、もつれた電線、通りで遊ぶ子どもたちはブラジルの都市郊外へ到着した最初の印だ。思春期の妊娠も収入の低い家庭に広がるもう一つの伝染病である。刑務所では十一歳や十二歳で出産を経験した女性に遭ったことがある。二十五歳で二、三人の子どもの母親であることはデフォルトである。三十歳で五、六人、四十歳になる前に祖母になる者もいる。

ブラジルの統一医療システムにおける出産者の二一パーセントが二十歳未満の若い女性であり、北部や北東部ではその割合が三分の一あたりを推移する。

このような状況で子どもが生まれると、その度ごとに家族は貧しくなる。若年の母親も学業の放棄を迫られ、その結果、母子とも貧困に浸かってしまいそこから抜け出せなくなる。応用経済研究所（Ipea）

の最近の調査では、子どもを持つ十から十七歳の女性の七六パーセントが退学を余儀なくされている。

父親の存在がない、もしくはさらに悲惨な場合には犯罪に関わりがあったりアルコールやコカインの依存症の両親に育てられた少年少女は、学業を放棄したり、ＤＶ、市中でのいじめ、人形で遊ぶ年齢でのレイプの被害に遭いやすくなる。

そのような要因に、質の劣った学校、貧弱な住居、文化的環境や公共の空間の不在、コミュニティからの無援、学業を重視しない身近な家族や隣人の存在が加わることで、子どもは違法薬物を使用したり密売に関与したりするようになる。刑務所へとつながる条件が整う。

アル・カポネの時代のアメリカの町を震え上がらせたギャングの映画を見れば、禁止すればアルコールがなくなると想像する当時の立法府の議員たちの能天気ぶりを滑稽に思う。禁酒法が消費に大した影響を与えず、社会を腐敗させ密売や犯罪を助長するとどうして気付かなかったのであろう？

なぜ気付かないのか？　我々も同じようにドラッグの使用と密売を違法にする法律に執着していることに。その法律が我々を最悪の状況に導いていることを納得するのにどれだけの期間が必要なのだろう？　窃盗、殺人、密売のルートや縄張りをめぐる終わることのない集団抗争、銃撃戦、罪のない人の巻き添え死、クラコランヂア、常習者の手にドラッグが渡るのを妨げようとしない警察・司法・立法の腐敗。こんな見下げた結果のために、警察の取り締まりや刑務所の増設や維持にどれだけの公費を投入しているのか？

密売によりもたらされる利益がとても大きすぎるため、ドラッグと都市の暴力や犯罪が不可分となる。いずれにせよ窃盗、強盗、密輸、誘拐、虐殺の背後には違法薬物の使用と商業化がある。

ブラジルの法律では使用者と売人の間の区別がはっきりしていない。実際のところ、どちらのカテゴリーに入れるかは事件の調書を作成した警官や検察官が恣意的に決定しており、それが貧困者や黒人をより不利な状況に追いやっている。結果として、ブラジルの刑務所の囚人のほとんどをこのような人たちが占めている。法制のあいまいさが正直な警官を混乱させ、不正行為を横行させる。

投獄は、市民や社会秩序に危害を加える者を市中から除去したいという総意とも言える願望に応じたものである。昔から使用されている方法だけれども、その効果や結果については解明されていない。理論上は二つの目的を有している。法を犯した者を共同社会生活に再統合することと犯した罪を罰することである。ブラジルにおける超過収容と再犯の数値を見れば我々の刑務所が有罪判決を受けた者を罰する役割しか果たしていないことは明らかだ。

房に十人や二十人が生活する刑務所では、たとえ世界一有能な看守が監視してもコントロールすることは不可能である。刑務所にドラッグや携帯が入ったり、若者たちを傘下に入れるリーダーや組織が現れたりするのを防ぐことは人員的に無理がある。犯罪者が刑務所を「大学」と呼ぶのもあながち間違いではない。

法的に自分たちの身の安全を担うはずの州の保護に対して信頼を置くことができないため、囚人は組織に加わるのだ。その動機ならびに必要性は主に三つある。刑務所で生き残ること、犯罪者の中でのヒエラルキーを上昇すること、社会に戻った際にコミュニティで尊敬を得ることである。

多くの人々は、警察の力があればすべての泥棒と売人が逮捕でき、市中の窃盗や密売を撲滅できると想像している。しかしながら数がその見方を否定している。

一九九〇年、ブラジルには約九万人の囚人がいた。二〇〇〇年は二三万二〇〇〇人に、二〇一六年には六二万二〇〇〇人に急増している。この七〇〇パーセントの増加が我々の町を七倍安全にしたと断言できるだろうか？

反対にブラジルを囚人の数で世界第四位（米国、ロシア、中国といった人口がずっと多い国々に次ぐ）にした大量の収監者は、都会の暴力の増加と不法薬物の使用の増加に伴うものである。

このように逮捕者の数を増やしても、我々を苦しめるすべての犯罪者を格子の中に閉じ込められるわけではない。

では何をすべきか？

誰にもわからない。サンパウロ州では、逮捕される人の数から釈放される人の数を差し引くと平均で一月あたり八二〇人のプラスになる。矯正施設の収容人数は毎月それだけ増えていく。

専門家の試算によれば、州がコントロールを失わないためには一つの刑務所に七〇〇から八〇〇人以上は収容すべきでないとされる。そうするとサンパウロだけで三十日ごとに新しい刑務所を建設することが必要となる。

二〇一七年一月の州の囚人の総数は二三万二〇〇〇人なので、それぞれ八〇〇人の上限を超えないようにすると理想は二九〇の刑務所が必要となる。州内に点在している刑務所の数は一六七なので一二〇あまりが不足している。

それゆえサンパウロの現状の過密収容を終わらせ、日々、矯正施設に入る囚人を受け入れるには、すぐさま一二〇の刑務所を建設し新たな施設を月に一つ建てなければならない。

公式の数字によれば、国内の約三七万人の不足分を補うのに五三〇の刑務所を新設する必要がある。その建設と維持費にいくらかかるだろう。予算はどうするのか。教育費、保健費、それとも公共事業費から？

一九八九年、私がカランヂルに着任した時、ルペルシオさん——所内でもっとも古い囚人の一人——が次のような社会学的な考察をした。

「先生、泥棒工場のほうが警察の逮捕する能力より生産力が上さ。不名誉な敗戦ってとこさ」

データが年老いたそのマリファナの密売人の正しさを証明している。二〇〇〇から二〇一四年の間、サンパウロ州で投獄された男の数は二二〇パーセント、女のほうは五六七パーセント増えている。

かつての女性の囚人と言えば、窃盗、衝動的な暴力、強盗のどれかに限られていた。集団犯罪への関与は稀だった。ここ数十年の都市の膨張と経済の発展がこの図式を変えた。家族が機能せず、女性がブラジル社会の家父長制のモデルに要求した利益や権利がすべての社会階層に等しく行き渡らなかったからである。

郊外のコミュニティに蔓延る暴力はジェンダーの不平等を際立たせている。女たちは思春期の妊娠や家族の崩壊、強姦、不法薬物の危険に晒される。父親のいない家庭は母親が生活費を稼ぎ子どもを育てなければならない。同棲相手も暴力的で、日々、気に入らないことがある度に手を上げる。

ジェンダーに起因した暴力という害悪はあらゆるブラジル人女性を何らかの形で苦しめているけれども、貧しい女性と黒人女性が突出してその被害に苦しんでいる。統計上でも明らかになっている。男性の専横がもっとも野蛮な形で顔を現すのは都市の近郊だ。

女性が犯罪の世界に関与していないと考えるのは無邪気すぎる。悪党にも家族があり同棲するコミュニティの女もいる。PCCの構成員が「兄弟たち」の恋人や妻を、正式なメンバーでもなければ直接的な関係がないにもかかわらず、親愛の情を込めて「義姉妹」と呼ぶのは理由がある。

犯罪に手を染めた女性の大半は違法薬物の常習により道を踏み外したり、恋人や夫が常習者や悪党や売人で犯罪に巻き込まれたりした者たちである。家族を養ったりDVから逃れたりするための戦略として犯罪を生業とする者もいる。犯罪者のヒエラルキーでは女性は底層を成していて、上位の者に服従を義務付けられている。中間的な地位に上昇する者もほとんどいない。既述のとおり、コマンドの「姉妹たち」は、刑務所において痴話喧嘩、盗み、意見の対立、借金の返済請求のほか同程度のいざこざを自身の判断で解決する権限を有している。議論の余地が大きな問題は、男性の裁判官から成る「塔」へと送られる。

経済的な視点から見ればその組織犯罪は指揮権を集約した資本主義制度であり、そのヒエラルキーのトップは百パーセント男である。

ある女囚が言うように、女性の忍従は絶対的だ。

「男が刑務所に入ると、あたしたちは毎週末欠かさず個別訪問しなきゃならない。その男を捨てたり、他の男に乗り換えたりしようもんなら、生き永らえれば儲け物ってなもんよ。なのに女は服役したら……」

私は女性に囲まれて生きてきた。娘たち、孫たち、妻、母親代わりだった三歳上の姉、義理の娘、多くの女友達、同僚、担当した数限りない患者たち。いつも女性の考え方や行動に気を配ってきた。しかしこの十一年間、囚人の女性たちと接する中で、想像もできなかった深みにまで女性の世界を考える機会を得た。

四十年以上の癌患者の治療から、女性は慈愛に満ちた存在であることを学んだ。慢性の病気であろうが愛する者が死の縁にある時であろうが女性の共感能力は比類ない。どの病院でもいいので訪ねてみるとよい。病気の家族に寄り添って朝まで過ごす男女の数を数えに。

刑務所では、社会の屑と見なされる女たちと過ごしている。もちろんヘコルヂ放送の『犯罪は割に合わない』を聴いていた頃からの好奇心で、どうしてそのような犯罪をするに至ったかに興味はあるが、私は彼女たちの罪を裁く立場ではない。裁判官でなく医者である私は、彼女たちを観察できる特権的な立場にある。幼少期のこと、離別、恋愛、復讐、悪行、苦しみ、屈辱の経験などフィクションの世界にしか存在しないと想像していた話を聞かされた。毎回、女性の世界の豊饒さと多様さに驚かされた。

カランヂルに何度も収監されていた私の患者の男はこう言ったものだった。

「自由になったらムショの中のことはどうでもいいさ。ムショの中じゃ外で起きていることは知りたくない。訪問客もいらないしテレビも見ない」

四人か五人の女の間に何人も子どもがいようと男には無視する権利が与えられている。女性は同じように距離を置くことができない。母性愛は女の本能に深く根付いている。

私が耳にした最も悲痛な話は服役中に子どもを亡くした女の話だった。

「娘は模範的な子だったのよ。あたしが捕まってからおかしくなった。クラックを吸うようになって借金のために銃で撃たれた。三日後に病院で一人きりで息を引き取った。寄り添う母親もなく、十五歳で。

これ以上の何の苦しみがあるの？」

どんなことにかこつけても彼女たちは子どもや母の話をする。稀に父のことも。だが夫の話はほぼ聞いたことがない。私が何人子どもがいるのか、誰のところにいるのか、面会には来るのかと尋ねるとたいていは涙ぐむ。出口では涙を拭う。仲間には弱みを見せないほうがいいのである。

子どもたちとの別れと孤独は最もつらい罰である。服役中の親族の男のところには家族が訪ねるのに、刑務所の妹、娘、母のことを忘れるのはなぜかと何年も考えてきた。

おそらく娘や母親の逮捕は、息子や父親のそれよりも恥ずべきことだからなのであろう。というのも女性は社会から「身をわきまえ」、従順で、貞淑であることを期待されているからだ。

性的な先入観もこの文脈の延長線上にある。悪党の男は、ならず者で残酷で背徳的と見なされても個人的な性生活は問題にされない。女性はそのようなレッテルに「淫乱」が加わる。たとえバージンであっても。暗黙のうちに盗んだり密売したり強盗したりする女は身持ちが悪いと理解されるのだ。

エンカルナサォンさんはペルナンブーコ出身の両親の娘で、背が高く、痩せていて、絆創膏で修理したメガネをかけている。十九歳の時に初めて逮捕されて六十歳の今も落ち着かない。彼女は経済的な理由に加えて容姿の問題も指摘する。

「女は男より金がない。ムショの中では余計そう。家族にも見放され、女はぶくぶく太り体の手入れもしなくなって、魅力もなくなっちゃうのよ。男はもっといい別の女を見つけるのさ」

私の仕事の相棒のヴァウデマール・ゴンサウヴェスは三十二年の看守生活の経験から得た知恵でもってはっきりと断言する。

「男ってのはろくでなしの生き物でペニスに支配されてるんだ。美人を見たら鶏小屋の年取った雄鶏みたいに周りをぐるぐる歩くんだ」

男性からも地域社会の人の目から遠ざかった環境の中で幽閉された多くの女性は愛情に飢えている。それが同性愛を許容する条件を生み出し、絶対的多数がそれを実践するようになる。その現象は男性の刑務所ではほとんど見られない。なぜなら挿入される男は「牢屋の女」と見なされ、基本的な権利が剥奪されるからである。

ジョゼ・フランシスコ・ドス・サントス、通称シキーニョさんは、四十年間、矯正制度内の様々な任務を担ってきた。旧カランヂルで緊張緩和のためにヒッタ・カヂラッキ、ハウル・ジウ、アウシオーニなどのショーを企画したのも彼である。シキーニョさんは言う。

「男の刑務所ではおかまは食事の給仕もできないし、乱暴な口もきけない。悪党に毒づくことも手を出すこともできなくなる。実際のところ何もできなくなるんだ」

挿入することも男らしさの誇示も必要としないため、女のカップルには対等の関係が成立する。社会の抑圧から解放された女たちは自由の身であれば決して口に出せないような同性愛の願望や幻想に向き合うことができる。

「刑務所の中で初めて女性への性的興奮を発見した。外でも頭をよぎったことはあるけど認めようとはしなかった」

しかしながら、同性愛が見捨てられた寂しさや性的な欲求不満の結果であると考えるのは間違いだ。一般に女同士のカップルは互いに結婚していると考えている。したがって「自分はサパタォンと結婚している」「あたしの女がエイズに罹ってしまった。どうしたらうつらずに済みますか?」「あたしの女が半開放に行っちまった。先生、抗鬱剤をいただけませんか」などと言う。

同性愛の結婚は服役の辛さを和らげる。感情の絆、愛情、背中へのマッサージ、性的な快楽だけではない。共同生活では、ジュンボの食品や家族が差し入れてくれた料理を分け合ったり美容用品を一緒に使ったり服の貸し借りをしたり家事を分担したりする。相手が病気の時には看病し、悲しい時には寄り添う。

結婚関係にある二人の女の房が女性刑務所の機能上の単位となり、共同体の関係を強固にする。その現象を考慮に入れることなく刑務所で行われていることを理解するのは不可能である。

法に従わなかった者を罰するという願望の一方で、その者たちを塀の中に留め置くには代償が伴うことを社会は承知していない。人類は、六百万年前、アフリカのサバンナで木から下りた時から独自の規範や掟により集団を形成してきた。戦争や拘禁のような極限的な状況では同様の行動を繰り返す。ドストエフスキーの『死の家の記録』やチェーホフの『サハリン島』を読んだ人なら、帝政ロシア下のシベリアの囚人たちが筆者が『カランヂル駅』や本書で詳述したものに似た対人関係を築いていたことに気付くだろう。レイプ魔、密告者、仲間の物を盗んだ者に対し、同じような厳格さで罰を下す規則を十九世紀のロシア人と現代のブラジル人に作り出させたものとは、例えば何であるのか?

答えは集団を生き永らえさせるという必要性にある。ブラジル人であれ、ロシア人、アメリカ人、中国人であれ、捕虜の状態への適応は類似の状況に晒された我々の祖先から受け継いだ不文の刑法により規定される。

コマンドがサンパウロやその他の州の囚人たちに課しているその知恵は、囚人の最も根源的な願望が自由ではなく生き延びることだと解した上のものだった。この理解が囚人たちの間の暴力を抑制するイデオロギーの強制に繋がった。

それは牢屋で死なない権利を確実にするイデオロギーである。これまで州のあらゆる刑務所で保証されなかった権利である。そのイデオロギーを定着させるのに多くのメンバーを必要としなかった。一つの刑務所に半ダースほど移送されれば十分だった。仲間たちを説得し、そのイデオロギーを奉じさせ、中央の司令部の権威を受け入れさせた。もっとも危険な男たちを移送するという公式の政策は奥地や他の連邦単位にコマンドを設置させるのをさらに容易にした。それがなければサンパウロの囚人がマラニャンやペルナンブーコやリオ・グランデ・ド・スルの囚人たちと接触するのは不可能だっただろう。

市中における組織犯罪でもコマンドが支配するコミュニティではそのイデオロギーが浸透した。監獄と同様にコミュニティ内での殺人は上級の裁判におけるはっきりした許可が必要となった。なぜなら騒乱や殺人は警察やメディアの関心を呼び顧客を遠ざけるからである。コミュニティを平和に保つことが安定したビジネスには不可欠である。

サンパウロにおける殺人件数が劇的に減少したことを、州政府が導入した治安政策の成果だと当局は喧伝しているが、おそらくそのように簡単には説明できない。というのもパトロールを強化しても同時期の窃盗や強盗の発生件数が増加しているからである。殺人より抑制が容易であるはずなのに。

一九九〇年代終わり、大サンパウロ都市圏では一〇万人当たり六〇人以上が殺された。二〇〇〇年——偶然にもPCCがファヴェーラや都市郊外にその支配を広げた時期——から州の殺人件数は急激に減少し、その数は二〇一七年、十万人当たり八・七人になった。同時期に記録した経済成長、教育レベルの向上、人口の高齢化があったにせよ、このような短期間でその数値の大幅な減少につながったとは考えにくい。

ある棟を支配する「姉妹たち」の一人は、十二年間服役し、十件の強盗に一件の殺人、二件の誘拐で受けた刑の十分の一を終えた。彼女はこう述べた。

「先生、社会の安全のためには犯罪はばらばらでやるより組織でやるほうがいいんだ」

人も刑務所も時とともにどれほど変化したか。私はここ二十八年間に起こった変化を自身の目で見た。一九八九年、カランヂルでの仕事を始めた頃、私もブラジルも今とはずいぶん異なっていた。刑務所に足を踏み入れた当初に感じた驚き、興奮、恐怖は、経験を繰り返すにつれだんだんと当たり前になった。

男女の囚人とともに過ごす中で、何十か所も刺されたり熱湯を浴びせられたりして殺された遺体に立ち会った。串刺しに遭ったレイプ魔を診察した。絞首刑にあった密告者、斬首された二人の若者の死体検案書を書いた。殺人者、窃盗犯、売人、転売詐欺師と知り合った。やむにやまれず罪を犯したり自身の手で処刑を行ったりした正直者もいた。私が彼らに対して行ってきた医療は国の最良の病院で行われているものとはずいぶん異なっている。

近代医療をテクノロジー漬けにしているラボでの精密検査、CT、MRIなどは望めない。昔ながらのやり方で苦労しながら乗り越えるしかなかった。現場での診察、病歴、発症期間を勘案する。コミュニケーションの中の言語もしくは非言語による兆しに目を光らせ、微細な行動も見逃さない。

もっとも重要な教訓は、カランヂルに行き始めてすぐに会得した。すなわち「医療とは手で行う」ものであるということだ。患者の体に直接触れなければ臨床医はただの技術者で医師の仕事を全うしているとは言えない。触診し、聴診器を当てることにはセラピーの効果があり、安心させ、信頼を生み、不安——病気に付き物で時に病状を悪化させる——を取り除く。

房の状況や自分の病気に対する無関心への怒りで目を赤くして診察に来た者がいれば、その訴えによく耳を傾ける。そして服を脱ぎ寝台に横になるように命じる。触診が終わると目つきが変わる。私が一言も発しなくても。

ジークムント・フロイトの言葉は正しい。すべての医者は常に精神療法を行っているのだ。そのような意図や意識がなくても。

カランヂルで看守人生を過ごし退職したアラウージョさんは言う。

「刑務所で耳にする言葉で一番美しいのは『神のご加護を』ってのさ」

診察の日にこの言葉を聞かない日はない。私もうれしくなる。心を込めた医療の実践には苦しむ心の鎧を剥ぎ取り、相手への感謝の気持ちを呼び起こす利点がある。それは真面目な市民でも無慈悲な悪党でも同じである。

三十年間、刑務所で患者を診察する中で失礼な行為、不快な言動、不当な要求など聞いたことがない。それどころか医者に対してこんな礼儀正しい者が、本当に犯歴に記してある罪を犯したのだろうかと疑問を覚えさえする。医業というのは不思議な仕事だ。数分で見知らぬ二人の間に相互の共感を作り上げる。

当然の傾向として、我々は同じ社会階層、似た趣味、考え、政治信条、ライフスタイルを有する人と近しくなる。そのような人間関係のフォーマットは我々に安心をもたらすけれども、そこには異論を受け入れる余地もなければ根本的に異なった考え方やライフスタイルに触れる機会もない。

刑務所での経験がなかったらどうやって七十三歳まで辿り着いただろうか? 想像もできない。しかし断言できることもある。医学をここまで深く知ることはなかったし、人の心の様々な面に触れることもなかったろう。私がそれに触れることができたのは社会が塀の中に閉じ込めた人々の元へ自ら赴いたからだ。

私をカランヂルへと導いた犯罪世界に抱いた幼少時の興味は今も存続している。長年、一週間のうちの一定時間をこのボランティアの仕事に費やしてきた。宗教的な理由でもイデオロギー的な社会活動の一環でもない。私は宗教にも社会運動にも無縁の人間である。それを可能にする時間が自分にはあったことに加え、人間の相互影響の複雑さへの関心が消えることがなかったからである。それがなければ私の人生はどれほど味気なかったことだろう。

ヴァレーラの衝撃

伊藤秋仁

本書はドラウジオ・ヴァレーラが著した刑務所三部作の最終巻である。第一作目の『カランヂル駅』(原著は一九九九年に、日本語版は二〇二一年に刊行)は、上梓直後から大きな反響を呼んだ。一つにはヴァレーラがブラジルの人気バラエティー番組に医療コメンテーターとして出演する「有名人」であったからである。社会の耳目を集めた「カランヂル刑務所囚人大虐殺事件」が同書内で扱われていたこともその理由の一つであった。しかしながら、何よりも大きな理由は同書がブラジルの社会の分断を見事に白日の下に晒したことにある。

ブラジル社会における社会格差と治安問題の歴史的経緯は『カランヂル駅』の「訳者あとがき」に記したためここでは触れないけれども、貧困層とそれ以外の社会階層との間に存在する溝はあまりに大きく深いため、格差問題は多くのブラジル人にとって深刻な社会問題であることは認識されていたものの、その実態を理解したり実感したりすることは困難であった。貧困層が居住するファヴェーラや都市近郊の人々は家事労働や工事現場の下働きなどで社会を支えてはいたが、いわばアンタッチャブルな存在だったのである。その多くが国内移民やその子孫であり、アフリカ系の血を引いている彼ら彼女らの話す言葉や価値観はヨーロッパ人移民の子孫がその多くを占める都市部の中間層の人々とは異なっていた。そこに不況や違法薬物の売買に起因する暴力や犯罪が加わることで、その関係はいわば断絶していた。

『カランヂル駅』は二〇〇三年に映画化され、映画も高く評価された（日本では劇場未公開であったが「カランジル」のタイトルでビデオが発売された）。筆者が同書の存在を知ったのもこの映画がきっかけであった。何よりも日本の常識では考えられない刑務所内の日常に加え、クライマックスを成す軍警による囚人の虐殺のシーンがあまりに強烈であるため、同書がベストセラーになり映画が大ヒットした理由はブラジル社会に与えたその衝撃にあると筆者も理解した。

同書を翻訳し、出版した後もその思いは変わらなかったが、本書『女囚たち』を訳し始めて、この本の価値や衝撃は暴力描写やその内容以外にあるのではないかと考えるようになった。その理由の一つは、事件と『カランヂル駅』出版の間のタイムラグである。同書が出版されたのは一九九二年に生じたカランヂルの囚人虐殺事件から七年後のことであり、ニュース性やドキュメンタリー的な要素が評価されるにしては時間が経ちすぎているということに今更ながら気づいた。加えてブラジルにおける犯罪や暴力はいわば日常茶飯事であり、そこだけに注目されたわけではないのではないかと思うに至った。

『カランヂル駅』はその内容が衝撃に次ぐ衝撃で、訳していてもそこまで考えが及ばなかった。本書の『女囚たち』にもそのような衝撃は至る所に見られるけれども、本書ではヴァレーラの人生や交友関係、仕事の様子などにも焦点が当てられている。また刑務所でのボランティア医師の人生の「まとめ」とも言えるような側面もある。

サンパウロ大学医学部出身でその能力に疑いの余地もない絵にかいたようなエリートが、なぜ貧困層の成れの果てである囚人たちの中に身を置くのか。個性豊かで魅力的であるとは言えヴァレーラとは階層が異なる看守たちとなぜそこまで濃密な関係を築くことができるのか。男女問わず囚人たちの心の鎧を外させその心情をどうしてあのように吐露させることができるのか。本書を訳していくうちに、そのことに深く思い入ったのである。

シャンポリオンがロゼッタ・ストーンを解読したようにヴァレーラはマージナルな世界に光を当てる能力を持っていた。ヴァレーラの存在こそが『カランヂル駅』出版の最大の価値であり衝撃だったと今は断言できる。

ヴァレーラは、幼少時から犯罪者の世界に強い関心を抱いていた、人間の奥底に潜む闇や人間関係の複雑さに関心があったのだと述べている。社会改革への関心もなくまた政治・宗教的な動機もなく、単なる好奇心に衝き動かされて刑務所に通ってきたのだと。また、自分にはそれを可能にする時間的な余裕があったとも。とは言え、それだけで三十年以上、このような活動ができるだろうか。ヴァレーラは多くの同僚の医師に刑務所でのボランティアを勧めた。しかしそれに応じた多くない医師たちも、ほぼ全員が数回のうちに足が遠のいたと言う。数年の間であれば好奇心も持続すると思わないでもない。それにしても何十年もほぼ途切れることなく刑務所に通うことなどどうすればできるのだろうか。すでに功成り名を遂げ悠々自適な生活がそこにあるのに。

ヴァレーラは類まれなバイタリティーと好奇心の人であった。人好きのする性格でありながら、多くの人に親愛の情を与えることのできる稀有な人なのだ。患者よりもコンピューターの検査結果を見ながら診察する現代の医業とは異なり、聴診器と視診と触診で診断する。笑顔とジョークで囚人たちとコミュニケーションを取り少しでも興味を引くようなことがあれば尋ねずにはおれない。「人間」に思いを寄せるその懐の深さは社会の「溝」をやすやすと越えたのだ。

新型コロナウイルスのパンデミックは高齢であるヴァレーラの刑務所での医業を休止させた。二〇二一年二月には同志であり親友のヴァウデマール・ゴンサウヴェスもコロナの感染症で亡くなってしまった。ヴァレーラに代わる人などいない。彼の活躍ができるだけ長く続くことを願ってやまない。

PCC（州都第一部隊）の支配

ブラジルの刑務所は貧困層を取り巻く社会の縮図でもある。ファヴェーラや都市郊外に州政府や警察組織の権力が及ばないように、刑務所でも夜間の房への収監や点呼、食糧の提供や基本的な管理業務などは当局が関与するけれども、それ以外は囚人たち自身の手で管理されている。

『カランヂル駅』に記されているように、刑務所ではわずかばかりの丸腰の看守が日常的に大量の囚人を監視している。時に違法薬物や武器などの房内の一斉捜索が行われもするが、通常は棟単位で囚人たちが自治を行う。囚人たちの掟に背けばその者は処罰される。かつては死刑まで存在していた。煙草を現地通貨に経済活動が存在する。違法薬物の売買も横行している。一九九〇年代前半まではコカイン注射が流行しておりＨＩＶの感染が広がった。刑務所内にはトラヴェスチ（女装したゲイ）がいて売春したり囚人同士で愛人関係を築いたりしている。当時、トラヴェスチの多くがエイズを発病し落命した。吸入式のコカインであるクラックが出現するとコカイン注射は駆逐されたものの、クラックに依存する者が急増した。多くの囚人がモラルや自制心を失い借金を重ねて堕落した。刑務所内の秩序が崩壊し収拾がつかなくなった。巷でも薬物汚染が深刻化し犯罪の組織化が進む中で、組織間の抗争や縄張り争いで多くの者が命を落とした。都市暴力の増加は治安の悪化に影響し刑務所はますます過密になった。

そのような中で一九九二年、「カランヂル刑務所囚人大虐殺事件」が発生した。刑務所内での暴動を鎮圧するために軍警の機動隊が突入、シェパードを連れミリタリーブーツを履き機関銃で武装した隊員たちが、Tシャツに短パン、ゴム草履姿でせいぜい手作りのナイフを手にした囚人たちへ問答無用で射撃し、あっという間に一一一人を殺戮した。

この事件は「自分たちは虫けらのように殺される存在である」という事実を囚人たちの心に深く刻み込ませた。この後、もちろん当局の暴挙に対する怒りや軍警に対する復讐の思いもあったであろうが、何よりも「自分たちが簡単に殺されたりしない」制度を確立する必要があった。そこで生じたのがPCCこと州都第一部隊（Primeiro Comando Capital）である。

PCCは一九九〇年代前半に萌芽した。その後、他の組織との苛烈な抗争に勝ち抜きサンパウロの刑務所を一党支配するようになった。かつて、刑務所内には多くの派閥があり、当局はその派閥の力関係を利用したり懐柔したりして所内を統制した。PCCの一党支配により当局は刑務所内の囚人たちの自治に介入することが困難になった。現在ではPCCはブラジル国内の全州に支部を置き、その影響は近隣諸国にも及んでいる。

PCCは、かつて囚人たちの秩序を破壊し常用者から理性を奪ったクラックの売買を禁じ、見事に刑務所内から駆逐した（市中では今もクラックは蔓延している。なお、所内でのマリファナやコカインの売買は認められている）。またナイフなどの武器の使用や私刑を禁止し、刑務所内で独自の裁判制度を確立した。掟に反すれば処罰はされるけれども、囚人たちは所内に横行していた無軌道な暴力に脅える必要がなくなった。刑務所内での囚人の生存を保証するPCCの大義に対しメンバー以外の囚人たちも概ね賛意を示し、多くの刑務所でPCCの支配が受け入れられた。

PCCはファヴェーラや都市近郊の貧困層もその支配下に収めるようになっている。「ビジネス」に利する秩序維持や対立の仲裁の対価として上納金制度を確立し、その構成員が巷にも配置されるようになった。「終章」でも述べられているように、地域での犯罪者や売人の間の抗争や暴力が抑制された。一〇万人当たりの殺人件数は、一九九〇年代の終わりに六〇件以上であったのが、二〇一七年には八・七件になった。

一方で窃盗や強盗などの犯罪の件数は減少していない。犯罪は組織化しビジネス化している。州の治安組織はとてつもなく大きく整備された犯罪組織との対峙を余儀なくされている。

まさにカランヂルの大虐殺がパンドラの箱を開けてしまったのである。

貧困層の女性たちを取り巻く世界

ブラジルの経済格差には色がついていると言われる。中間層以上の人々の多くが肌の色が白く、貧困層は肌の色が黒い人が大半である。大都市域のファヴェーラや近郊の住人の多くはアフリカ系の血を引いており社会活動の場面で人種差別という障壁に直面する。本書でも貧困層の人々が生真面目に生きる困難さがそこかしこに描かれている。半面、身近に羽振りのよい犯罪者が数多く描かれ、真面目に生きる報われない人々と対照を成している。犯罪者の末路が哀れであるのも事実ではあるが、貧困層の若者には身近に道を誤る誘惑があまた存在する。

一方、人種差別について論じられる際に性差にまで言及されることはほとんどない。上記のような道を誤る若者として想定されるのはほとんどが男性であり女性ではない。女性の権利について声高に論じられる時、想定されているのはその多くが社会に声を上げることができる「教育を受けた」女性たちであり、彼女たちを支える下働きの女性たちではない。

貧困層の女性たちは声を上げることのできない被抑圧者であり続けている。年端も行かぬ少年少女が恋愛し思春期の少女の多くが妊娠する。人工妊娠中絶が禁じられており、その結果、幼くして母親になる。学業の放棄を余儀なくされ、学歴をベースにした社会上昇が阻まれる。幼き父親の多くは母子を放棄し、ほとんどがシングルマザーとなる。母親はパートナーを替えて妊娠を重ね、数多くの子どもを抱える。パートナーの中には飲酒や薬物の影響下で暴力を振るう者もいる。安定した婚姻にも無縁となり結果として貧困に喘ぎ続ける。貧困女性の子どもたちにも輝かしい未来は望めない。その子どもたちも同じ道を辿る。まさに貧困の悪循環である。

このような状況下でやむなく悪事に手を染める女たちも現れる。本書に描かれている女囚たちのように。貧困女性が手っ取り早く金を稼ぐのは売春か不法薬物の売買への関与である。そのように道を外れた女囚たちのケースは枚挙に暇がない。彼女たちは犯罪者ではあるだろうが同時に被害者でもある。どうすれば彼女たちはそのような袋小路から脱出できるのか。社会は真剣に解決策を見つける必要がある。PCCのメンバーの「女」になったり、自身がメンバーになったりすれば、コミュニティの社会的地位が保証され、経済的援助も受けられる。ただし犯罪の世界でも女性たちは差別されている。マチズモが支配する犯罪者の世界では女性は組織の下位を占めるに過ぎない。人種差別に加え性差別が横行する環境の中で、貧困層の女性たちは女性が低位にあることを甘受している。上位の男性に恭順し保守的な価値観を受け入れる。思春期の妊娠や多産により貧困に苦しむ彼女たち自身が人工妊娠中絶にも頑なに反対している。

ヴァレーラは、女性刑務所でもその本領をいかんなく発揮した。老人であることもその理由の一つであるかもしれないが(「クリスマスプレゼント」を受け取るには少々年を取りすぎていると思わなくもない)、性差も易々と越えてしまった。本書はヴァレーラにしか書くことのできない貧困女性のドキュメンタリーであると同時に女性を対象にした優れた文化人類学の書でもある。

＊

『カランヂル駅』に続き、神谷加奈子さんには大変お世話になった。拙速な筆者の訳文に何度も目を通してくれ、読み間違いやケアレスミスを指摘してくれた。本書の編集・刊行については水声社の村山修亮さんにも大変お世話になった。村山さんの広範な見識は訳者にとっておおきな助けになった。なお京都外国語大学国際言語平和研究所には貴重な助成を賜った。皆様に心からの感謝を申し上げる。

著者／訳者について——

ドラウジオ・ヴァレーラ（Drauzio Varella）　一九四三年、サンパウロ市に生まれる。腫瘍医。ＡＩＤＳ予防キャンペーンでメディアに登場、その後、医療ジャーナリストとしてニュース番組などに出演。コメンテーター、作家としても評価が高い。主な著書に、『移民の町サンパウロの子どもたち』（伊藤秋仁＋フェリッペ・モッタ監修、行路社、二〇一八年）、『カランヂル駅——ブラジル最大の刑務所における囚人たちの生態』（伊藤秋仁訳、春風社、二〇二一年）などがある。

＊

伊藤秋仁（いとうあきひと）　一九六五年、愛知県に生まれる。京都外国語大学ブラジルポルトガル語学科教授。専門はブラジル移民史。主な著書に、『ブラジル国家の形成』（共著、晃洋書房、二〇一五年）、『ブラジルの歴史を知るための50章』（共編著、明石書店、二〇二二年）、訳書に、エドワード・Ｅ・テルズ『ブラジルの人種的不平等』（共訳、明石書店、二〇一一年）などがある。

装幀——滝澤和子

女囚たち――ブラジルの女性刑務所の真実

二〇二三年七月二五日第一版第一刷印刷　二〇二三年八月一〇日第一版第一刷発行

著者――ドラウジオ・ヴァレーラ

訳者――伊藤秋仁

発行者――鈴木宏

発行所――株式会社水声社

東京都文京区小石川二―七―五　郵便番号一一二―〇〇〇二
電話〇三―三八一八―六〇四〇　FAX〇三―三八一八―二四三七
［編集部］横浜市港北区新吉田東一―七七―一七　郵便番号二二三―〇〇五八
電話〇四五―七一七―五三五六　FAX〇四五―七一七―五三五七
郵便振替〇〇一八〇―四―六五四一〇〇
URL : http://www.suiseisha.net

印刷・製本――ディグ

ISBN978-4-8010-0722-2